Mann | Mario und der Zauberer

Lektüreschlüssel XL

für Schülerinnen und Schüler

Thomas Mann

Mario und der Zauberer

Von Swantje Ehlers

Reclam

Dieser Lektüreschlüssel bezieht sich auf folgende Textausgabe:
Thomas Mann: *Mario und der Zauberer. Ein tragisches Reiseerlebnis.*
Frankfurt a. M.: Fischer Taschenbuch Verlag, ³³2013.

Lektüreschlüssel XL | Nr. 15541
2022 Philipp Reclam jun. Verlag GmbH,
Siemensstraße 32, 71254 Ditzingen
info@reclam.de
Druck und Bindung: Esser printSolutions GmbH,
Untere Sonnenstraße 5, 84030 Ergolding
Printed in Germany 2025
RECLAM ist eine eingetragene Marke
der Philipp Reclam jun. GmbH & Co. KG, Stuttgart
ISBN 978-3-15-015541-7
reclam.de

Inhalt

1. Schnelleinstieg

Autor	(Paul) Thomas Mann, geboren am 6. 6. 1875 in Lübeck, gestorben 12. 8. 1955 in Zürich
Erscheinungsjahr	1930
Gattung	Novelle, politische Parabel
Ort und Zeit der Handlung	Die Geschichte spielt in den 1920er Jahren in einem italienischen Badeort am Tyrrhenischen Meer.
Erzählaufbau	Die Novelle besteht aus zwei Teilen. Im ersten Teil berichtet ein Erzähler von unerfreulichen Erlebnissen in einem italienischen Badeort. Im zweiten Teil schildert er die Abendveranstaltung des Zauberers Cipolla und seine hypnotischen Kunststücke, die mit der Verführung Marios ihren Höhepunkt erreichen und die Wende zur Katastrophe einleiten.
Adaptionen	• mehrere Lesungen • zwei Verfilmungen (1976, 1994) • zwei Ballette (1956, 1964) • eine Oper (1988)

Mario und der Zauberer handelt von einem Ferienerlebnis eines Ich-Erzählers im italienischen Badeort Torre di Venere in den 1920er Jahren. Der Erzähler verbringt dort mit seiner Familie einen etwa dreiwöchigen Urlaub, der von vielen unangenehmen Ereignissen geprägt ist. Im Grand Hôtel dürfen sie nicht

■ Unangenehme Erlebnisse im Badeort

auf der Terrasse speisen, weil diese den einheimischen Gästen vorbehalten bleibt, und aufgrund eines Keuchhustens des Sohnes, der – obwohl bereits abgeklungen – als gefährlich ansteckend eingeschätzt wird, soll die Familie in ein Nebengebäude des Hotels umziehen. Daraufhin siedelt sie in eine Pension über. Als sich die kleine Tochter nackt am Badestrand zeigt, empören sich die italienischen Badegäste und der Vater muss ein Bußgeld zahlen.

Der Auftritt des Zauberers

Im Mittelpunkt der Novelle steht die Abendveranstaltung des körperlich verwachsenen Zauberkünstlers Cipolla. In mehreren Kunststücken setzt er seine hypnotischen Fähigkeiten ein und unterwirft einzelne Zuschauer seinem Willen. Nach einer längeren Pause steigert Cipolla seine Verführungskünste und bricht die letzten Widerstände seiner Zuschauer. Während das Publikum mehrheitlich begeistert ist, folgt der Erzähler dem Geschehen anfangs kritisch-distanziert, dann aber zunehmend gefesselt. Den Höhepunkt seiner Vorführung erreicht Cipolla, indem er den Kellner Mario auf die Bühne holt und ihm vortäuscht, dessen heimliche Geliebte Silvestra zu sein. Mario verfällt dieser Illusion und küsst den Zauberer im Glauben, Silvestra vor sich zu haben. Als Mario erwacht und den Betrug erkennt, erschießt er Cipolla mit seiner Pistole.

Die Novelle wurde gleich nach Erscheinen vom Publikum begeistert aufgenommen und hat inzwischen ihren festen Platz im Lektürekanon. In Italien durfte sie jedoch erst nach 1945 erscheinen. Sie wurde über-

Abb. 1: Reclam-Ausgabe von 1957 mit Umschlagvignette von Hanns Georgi

■ Rezeption als politische Novelle

wiegend als eine politische Novelle rezipiert, die die Gefahren des Faschismus thematisiert, aber die Figur Cipolla wurde auch in den Zusammenhang von Künstlerfiguren in der Literatur und speziell bei Thomas Mann eingeordnet.

2. Inhaltsangabe

Ein Erzähler berichtet rückblickend von einem besonderen Ferienerlebnis, das er und seine Familie in den 1920er Jahren in einem italienischen Badeort an der Westküste Italiens hatten.

Der Erzähler ist mit seiner Frau und ihren beiden Kindern an den toskanischen Badeort Torre di Venere gereist, um hier die Ferien zu verbringen. Es ist Mitte August und der Badestrand ist von italienischen und internationalen Touristen überfüllt. Die Familie ist im Grand Hôtel untergebracht, in dem sie gegenüber den adligen italienischen Gästen herabsetzend behandelt wird und nicht wie diese auf der Veranda essen darf. Die unter den Gästen befindliche Fürstin beschwert sich bei der Direktion über den bereits abgeklungenen Keuchhusten des Jungen aus Angst, ihr eigenes Kind könnte sich anstecken. Trotz des Attests des Arztes, dass von dem nur noch leicht hustenden Jungen keine Gefahr ausgehe, soll die Familie in ein Nebengebäude des Hotels umziehen. Daraufhin entscheidet sich der Familienvater, das Hotel zu verlassen und in die benachbarte Pension Eleonora zu gehen. Die Pension wird von Signora Angiolieri geführt, die früher Gesellschafterin und Freundin der berühmten Schauspielerin Eleonora Duse gewesen war. Sie zehrt von dieser prestigereichen Bekanntschaft und hat ihre Pension nach ihr benannt. Die Familie empfindet die offene und herzliche Atmosphäre der Pension als angenehm.

■ Ferien in Torre di Venere

Zwischenfälle am Strand beeinträchtigen erneut die Ferienstimmung der Familie. Ein zwölfjähriger Junge namens Fuggièro macht eine große Szene, weil er von einem Taschenkrebs gezwickt worden ist, obwohl der winzige Biss nicht der Rede wert ist. Als die kleine Tochter nackt zum Meer läuft, um ihren Badeanzug auszuwaschen, empört sich das italienische Strandpublikum und erstattet Anzeige bei der Polizei. Der Vater muss sogar Strafgeld zahlen. Ein Herr in einem städtischen Frack hält der Familie eine Standpauke, weil die Tochter die öffentliche Moral verletzt habe. Die Familie fühlt sich angesichts dieser Erlebnisse und der lauten und nationalistisch eingestellten Badegäste nicht wohl im Badeort. Hinzu kommt die große Hitze, die die Stimmung ebenfalls dämpft.

Inzwischen hat die Nachsaison eingesetzt und viele Gäste sind abgereist. In dem kleinen Badeort wird auf

Abb. 2: Forte dei Marmi, Italien. Badestrand mit Umkleidekabinen. – © CC-BY-SA-2.0

Plakaten das Auftreten des Zauberkünstlers Cipolla angekündigt und die Kinder drängen ihre Eltern, zu dieser Vorführung zu gehen.

Zauberveranstaltung

Die Veranstaltung findet in einem entlegenen Saalbau in einer Gegend von Torre, in der die Fischer und Arbeiter leben, statt. Zu den Gästen zählen Einheimische und einige Touristen. Die sozial Bessergestellten sitzen im Parterre, während die ärmeren Fischer und Angestellten in den Seitengängen und im Hintergrund stehen.

Publikum

Der Zauberkünstler Cipolla lässt lange auf sich warten, bevor er das Podium betritt. Er trägt einen weiten Radmantel, einen Umhang, weiße Handschuhe, einen weißen Schal und einen Zylinderhut. Eine Reitpeitsche hängt ihm über dem linken Unterarm. Er ist körperlich verwachsen, hat einen Buckel.

Cipolla

Auf den kecken Zwischenruf eines jungen Mannes hin verwickelt ihn Cipolla in ein Gespräch über Wollen und Handeln. Nach anfänglichem Widerstand folgt Giovanotto (ital. für ›junger Mann‹) dem Befehl Cipollas, dem Publikum seine Zunge zu zeigen (S. 44 f.). Nach Beendigung dieses Schauspiels äußert sich Cipolla abfällig über ihn.

Giovanotto

Als Nächstes will Cipolla sein Programm mit einem Zahlenspiel fortsetzen und ruft dazu zwei junge Burschen auf die Bühne. Da beide jedoch nicht lesen und schreiben können, sind sie für das Zahlenspiel ungeeignet, und Cipolla wirft ihnen vor, wegen ihrer Lese-/Schreibunfähigkeit die Vaterlandsehre zu beleidigen (S. 55). Als Giovanotto die beiden Fischer vertei-

Zahlenspiel

digt, redet Cipolla ihm ein, Magenschmerzen zu haben. Hypnotisiert krümmt sich der junge Mann, bis Cipolla die Reitpeitsche schwingt und er sich verlegen wieder aufrichtet (S. 60). Cipolla fährt mit einem Rechenspiel fort. Ein Angestellter aus einem Kolonialwarengeschäft findet sich bereit, Zahlen, die Cipolla im Publikum sammelt, an die Tafel zu schreiben. Die addierten Zahlen ergeben eine Summe, die genau der entspricht, die Cipolla zuvor angeschrieben und durch einen Zettel verdeckt hatte.

Karten-/ Gesellschaftsspiele

Daran schließen sich ein Kartenspiel und eine Reihe von Gesellschaftsspielen an. Das Publikum soll Gegenstände verstecken, die Cipolla finden muss. Als Nächstes verwickelt er Signora Angiolieri in ein Gespräch und errät, dass sie eine Verbindung zu Eleonora Duse hat (S. 75). Das Publikum reagiert mit großem Applaus auf diese Vorführung.

Pause

Es gibt eine fast 20-minütige Pause, in der der Erzähler in die Erzählgegenwart zurückkehrt und nachträglich die Stimmung des Abends und das manipulative Spiel Cipollas reflektiert und sein eigenes Bleiben in Torre und auf dieser Veranstaltung rechtfertigt.

Hypnose

Nach der Pause demonstriert Cipolla seine hypnotischen Fähigkeiten an einem jungen Mann. Er liegt, körperlich erstarrt, auf den Lehnen zweier Stühle und Cipolla setzt sich auf dessen Körper. Eine englische Dame lässt Cipolla von einer Indienreise träumen und ein Colonello wird so von ihm beeinflusst, dass er seinen Arm nicht mehr heben kann (S. 83 f.).

Cipolla steigert sich im Laufe des Abends. Mit Ru-

fen und Zeigegesten lockt er Signora Angiolieri, die **■** Signora
ihm willenlos zum Ausgang folgt. Auch die Rufe ih-   Angiolieri
res Gatten können sie nicht zurückhalten (S. 85). Erst
an der Saaltür erlöst er die Signora aus ihrer Starre und
gibt sie ihrem Ehemann zurück.

Als Nächstes holt er einen Herrn aus Rom, der ihm **■** Der Herr
deutlichen Widerstand bietet, zu sich. Der Römer   aus Rom
weigert sich zu tanzen, wie Cipolla es befohlen hat.
Doch nach einiger Zeit bricht sein Widerstand unter
den hypnotischen Einwirkungen Cipollas zusammen
und er beginnt zu tanzen. Cipolla führt ihn unter dem
Beifall des Publikums auf das Podium. Das Publikum
wird mitgerissen und tanzt ebenfalls. Der Erzähler
beobachtet das Geschehen kritisch und fasziniert zugleich. Die Kinder sind von den Vorführungen begeistert.

Cipolla befindet sich auf dem Höhepunkt seiner
Zauberkunst und Macht. Zwischendrin stärkt er sich **■** Cipollas
mit Kognak und raucht Zigaretten. Seine Reitpeitsche   Macht
setzt er ein, um einzelne Personen zu hypnotisieren
und seinem Willen zu unterwerfen und sie wieder
aus der Hypnose zu entlassen.

Als Cipolla den jungen Kellner Mario, den die Fa- **■** Mario –
milie des Erzählers von Café-Besuchen her kennt, auf   Cipolla
die Bühne holt, nähern sich die Ereignisse dem eigentlichen Höhepunkt des Abends. Cipolla schmeichelt Mario und errät dessen heimliche Liebe zu Silvestra. Er versetzt Mario in einen hypnotischen Zustand und täuscht ihm vor, selbst die Geliebte zu sein.
Mario küsst Cipolla im Glauben, Silvestra vor sich zu

haben. Als Mario wieder aufwacht, erkennt er seine öffentliche Demütigung, die noch verstärkt wird durch das höhnische Lachen des Giovanotto und die begeisterte Reaktion des Publikums. Während Mario in den Saal zurückgeht, dreht er sich um und tötet Cipolla durch zwei Pistolenschüsse. Das Publikum stürzt sich wütend auf ihn und zwei Polizisten entwaffnen ihn. Mit dieser Tat endet der Abend und der Erzähler verlässt befreit mit seiner Familie den Saalbau.

3. Figuren

Die Figuren in der Novelle lassen sich nach ihrer Funktion im Handlungsgeschehen, ihren Namen, den Orten, an denen sie auftreten, ihrer Nationalität und dem Grad ihres Widerstandes gegen Cipolla charakterisieren. Im Titel der Novelle sind Cipolla und Mario bereits als tragende Figuren hervorgehoben. Eine bedeutsame Rolle spielt der Erzähler, der als Kontrahent Cipollas auftritt. Einige Figuren sind durch ihren Namen individualisiert: Cipolla, Mario, Fuggièro und Signora Angiolieri. Die anderen Figuren werden durch Beruf (Hotelmanager, Doktor, Fischer, Colonello), Adelstitel (Fürstin), äußeres Auftreten (Herr im Schniepel), Herkunftsort (Herr aus Rom), Alter und Geschlecht (junger Mann, Jüngling, ältere Dame) gekennzeichnet. Innerhalb des Badeortes werden einheimische Italiener und italienische und ausländische Feriengäste unterschieden.

Hauptfiguren

Als Zauberkünstler und Schausteller gehört **Cipolla** ■ Cipolla
dem Gewerbe eines fahrenden Künstlers an und steht sozial am Rande der bürgerlichen Gesellschaft. Über seine Herkunft erfährt der Leser nichts, doch deutet sein Äußeres auf einen südländischen Typ hin: »eine schmale, schwarz gewichste Scheitelfrisur lief, wie angeklebt, vom Wirbel nach vorn, während das Schläfenhaar, ebenfalls geschwärzt [...] war« (S. 50). Er ist

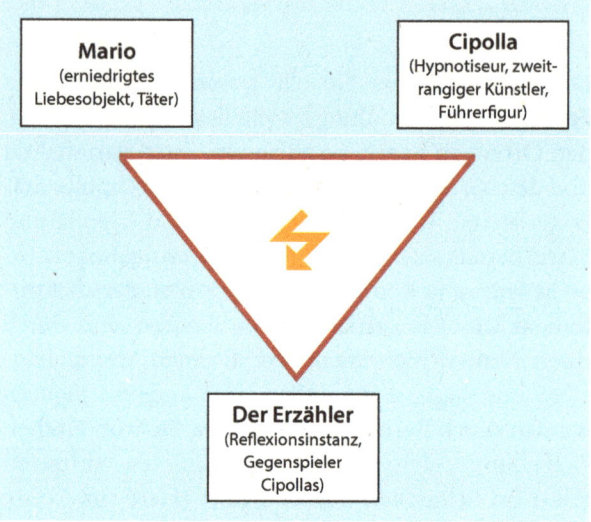

Abb. 3: Figurenkonstellation

nicht mehr jung, hat ein scharfes, zerrüttetes Gesicht mit »schadhaft abgenutzten, spitzigen Zähnen« (S. 41) und hässlichem Haar (S. 50).

Das hervorstechendste Merkmal Cipollas ist jedoch sein Hüftbuckel, durch den er körperlich missgebildet ist. Der Name Cipolla bedeutet im Italienischen ›Zwiebel‹ und mag darauf hindeuten, dass die Figur vielschichtig ist und in verschiedenen Rollen auftritt, die auf literarische, historische und politische Kontexte verweisen (siehe Kapitel 5 und Abschnitt »Der Zauberkünstler« in Kapitel 6). Er nennt sich »Cavaliere« (›Ritter‹) und kennzeichnet sich damit als Träger eines Titels des niederen Adels. Aufgrund seiner altmodischen Abendkleidung mit einem »weiten schwarzen und ärmellosen Radmantel mit Samtkragen und atlasgefütterter Pelerine« (S. 39) stellt der Erzähler ihn in die Reihe der Possenreißer des italienischen Theaters des 18. Jahrhunderts. Da er körperlich leicht erschöpft ist, stärkt er sich im Laufe des Abends mit Zigaretten und Kognak. Seine wiederholte Bezugnahme auf das Vaterland und die römische Vergangenheit zeigen seine patriotische Einstellung.

Ziel seiner abendlichen Veranstaltung ist die Unterwerfung des Publikums unter seinen Willen. Da-

Abb. 4: Cipolla winkt Mario zu sich. Zeichnung von Hans Meid aus der ersten Buchausgabe.

für setzt er vor allem seine hypnotischen Fähigkeiten und seine Redekunst ein. Er ist ein begabter Redner, der das Publikum durch seine Rede für sich gewinnt. Seine außerordentlichen Fähigkeiten ermöglichen es ihm, die Zuschauer in seinen Bann zu ziehen und seine Macht zu entfalten (siehe Abschnitt »Der Zauberkünstler« in Kapitel 6).

■ Mario

Mario arbeitet als Kellner im Café Esquisito. Äußerlich beschreibt der Erzähler ihn als einen untersetzten jungen Mann von zwanzig Jahren mit kurzen Haaren. Aufgrund seiner niedrigen Stirn, der eingedrückten Nase und den dicken Lippen bescheinigt er ihm eine »primitive Schwermut« (S. 95 f.) und stereotypisiert ihn als »afrikanisch« (S. 43). Seinen eigentlichen Auftritt hat Mario erst zum Schluss der Abendveranstaltung. Er beobachtet zurückhaltend die Vorführungen Cipollas, bis dieser ihn erblickt und auf die Bühne lockt. Cipolla nutzt Marios unglückliche Liebe zu Silvestra für sein falsches und trügerisches Spiel aus. Im Unterschied zu den anderen Opfern erkennt Mario seine Entwürdigung und öffentliche Bloßstellung und wehrt sich, indem er Cipolla tötet.

■ Der Erzähler

Der Erzähler tritt innerhalb der fiktiven Welt als Ehemann, Vater zweier Kinder, Tourist und Zuschauer der Abendveranstaltung auf. Über seinen Namen, Beruf, seine Herkunft, sein Äußeres und seinen Lebensraum wird nichts mitgeteilt. Er hat einen gutbürgerlichen Status und scheint über ein gutes Einkommen oder Vermögen zu verfügen, da er sich mit seiner vierköpfigen Familie einen dreiwöchigen Urlaub in einem Grand Hôtel leisten kann. Sozial distanziert er sich von den kleinbürgerlichen italienischen Gästen am Badestrand. Konflikten weicht er gerne aus.

Seine Kommentare zeigen, dass er über einen Bildungshintergrund verfügt. Er kennt Homer (S. 20) und spielt auf die Zauberin in dessen Epos *Die Odyssee* an (»Stab der Kirke«, S. 92), zitiert aus einem Schiller-Gedicht (»die Sonne Homers«, S. 20) und verweist auf den romantischen Dichter Novalis (»Ein Dichter hat gesagt«, S. 29). Der Erzähler wird in seiner kritischen Distanz, Intellektualität und Wertorientierung zu einer Gegenfigur Cipollas.

Seine **Ehefrau** blendet der Erzähler weitgehend aus und vermittelt ihre Anwesenheit nur indirekt über das *Wir*, das entweder die ganze Familie oder nur die Ehepartner, die sich über ihre Kinder (S. 77) oder die Empörung der Badegäste über ihre nackte Tochter verständigen, umfasst: ■ Ehefrau

> »Auch hatten wir Lust, zu antworten, wie wir nicht wüßten, daß die moralische Verwahrlosung je einen solchen Grad erreicht gehabt habe [...]. Aber wir beschränkten uns darauf, [...] entschuldigend auf das zarte Alter [...] hinzuweisen.« (S. 28)

Die Ehefrau tritt nicht als eigene Figur auf. Nur der Blickwechsel zwischen den Ehepartnern (S. 45) und der auf ihren Knien schlafende Junge (S. 76) vermitteln ihre Gegenwart.

■ Die Kinder

Der Erzähler wendet sich mit viel Aufmerksamkeit seinen beiden Kindern, die namenlos bleiben, zu. Sie verhalten sich am Strand lebendig und unbefangen, sind kontaktfreudig und winken auf der Abendveranstaltung den Fischern und dem Kellner Mario zu. Die Zaubertricks Cipollas halten sie für ein Spiel und verfolgen sie mit Begeisterung und naiver Unschuld. Innerhalb der Novelle haben die Kinder die Funktion, durch den Keuchhusten, die Nacktheit am Strand und ihren Wunsch, auf die Abendvorstellung zu gehen und zu bleiben, die Handlung voranzutreiben.

Nebenfiguren

■ Figuren im Hotel und am Strand

Zu den Nebenfiguren im Hotel und am Strand gehören die **Fürstin**, der **Hoteldirektor** und **Fuggièro**. Im Verhalten der adligen Dame und des Hoteldirektors drücken sich nationales Selbstverständnis (Italiener vs. fremde Gäste) und soziale Abgrenzung des Hochadels gegenüber dem Bürgertum aus. Der Junge Fuggièro wird durch patriotische Äußerungen und seine wehleidige und überzogene Reaktion auf den kleinen Krebsbiss negativ gekennzeichnet. Sein Name ist ein sprechender Name, der seinen Träger in einer bestimmten Eigenschaft charakterisiert. Er geht auf das italienische Verb *fuggire* wörtlich ›weglaufen/fliehen‹ zurück und verweist damit auf das feige Verhalten des Jungen. Nationalistische und vaterländische Einstellungen spiegeln sich auch im Verhalten der anderen Kinder und des vornehmen Herrn am Strand.

Signora Angiolieri, die Inhaberin der Pension, verkörpert dagegen das kultivierte Bürgertum, das Fremden gegenüber offen ist. Sie trägt ebenfalls einen sprechenden Namen, der sich vom italienischen Wort *angelo* (›Engel‹) und *angiolo* der toskanischen Form davon ableitet. Der Name spielt auf ihr Wesen und das willenlose Gleiten, mit dem sie Cipolla folgt, an.

■ Signora Angiolieri

Eine Sonderrolle nimmt **der Doktor** ein. Im Hotel und am Strand bleibt er standhaft bei seiner Position, dass vom abgeklungenen Keuchhusten keine Gefahr für andere ausgehe und der kleine Krebsbiss nicht der Rede wert sei. Indem er sich gegen die Fürstin und die Hoteldirektion stellt und seine wissenschaftliche Erkenntnis verteidigt, bewahrt er seine Integrität. Der Abendveranstaltung bleibt er fern.

■ Der Doktor

Von den **Figuren auf der Abendveranstaltung** sind einige dadurch hervorgehoben, dass Cipolla sie wiederholt zu Mitspielern macht wie der Giovanotto, der junge Mann, und der römische Herr. Alle Mitspieler unterscheiden sich im Grad ihres Widerstandes gegen Cipolla. Der junge Mann, der Colonello und Signora Angiolieri erliegen dem Zauberer sofort, während der Giovanotto sich Cipolla mutig entgegenstellt, dann aber unterliegt. Den stärksten Widerstand bietet der Herr aus Rom. Um ihn zu brechen, muss Cipolla verstärkt seine hypnotischen Mittel einsetzen.

■ Figuren auf der Abendveranstaltung

4. Form und literarische Technik

Aufbau

■ Gliederung

Die Novelle besteht aus zwei Teilen. Der erste Teil führt in die Novelle und ihren Schauplatz ein, zeichnet ein düsteres Stimmungsbild, nimmt das katastrophische Ende vorweg und lässt bereits wichtige Themen anklingen. Der zweite Teil untergliedert sich in drei Handlungsabschnitte, die jeweils aus einer Einleitung, zwei zugespitzten Ereignissen und abschließendem Erzählerkommentar bestehen. Die Grenze zwischen den beiden Teilen wird räumlich durch den Ortswechsel und die Verlagerung des Handlungsgeschehens von den Touristenorten Torre di Veneres zum Saal, der am Ende der Hauptstraße in der ärmlichen Fischer- und Arbeitergegend liegt, und zeitlich durch das Einsetzen der Nachsaison und den Umschlag des Wetters, das anfangs drückend heiß war und nun schwül vom Scirocco ist, markiert. Der Gang der Familie von ihrer Urlaubsunterkunft zum Saal kennzeichnet inhaltlich wie formal den Übergang vom ersten zum zweiten Teil und endet mit »Es war eine Viertelstunde Weges.« (S. 34)

Die beiden Teile der Novelle sind nicht nur voneinander abgegrenzt, sondern sie sind auch miteinander verknüpft. Figuren aus dem ersten Teil treten im zweiten Teil wieder auf: der Erzähler mit seiner Familie, Signora Angiolieri und Mario. Die bedrückende Atmosphäre setzt sich fort und steigert sich, das Wet-

■ Verknüpfung der Teile

ter, das die Stimmung veranschaulicht, sowie Nationalismus und Patriotismus werden als Motive wieder aufgenommen.

Erster Teil

Nach einer knappen Einleitung, in der der Erzähler auf das katastrophische Ende verweist (»zum Schluß kam dann der Choc«, S. 9), berichtet er von unerfreulichen Ereignissen, die sich im Konflikt um den Keuchhusten und die nackte Tochter am Strand zuspitzen. Der erste Teil endet mit einer längeren Reflexion des Erzählers.

Zweiter Teil

Der zweite Teil besteht aus drei Abschnitten und beschreibt insgesamt vierzehn sich steigernde Zauberkunststücke.

Der erste Abschnitt wird durch die Werbeplakate, ■ 1. Abschnitt die den Auftritt des Cavaliere ankündigen, eingeleitet (»Zu diesem Zeitpunkt also zeigte Cipolla sich an«, S. 32). Die Familie begibt sich um 20:45 Uhr zum Saal, in dem die Vorführung stattfinden soll (»Einige Zeit nach dem Diner [...] pilgerten wir im Dunkeln dorthin«, S. 34). Nach einer längeren Wartezeit tritt der Zauberer auf und beginnt gegen 22:00 Uhr mit seinen ersten Kunststücken. Darauf folgen Rechenspiele und Kartentricks mit einer ersten Zuspitzung: der Beugung des Willens eines jungen Herrn (S. 67). Das

4. Form und literarische Technik

Erster Teil

1. Abschnitt (S. 9–32 oben)

Einleitung:	• Kommentar des Ich-Erzählers, Vorausdeutung
	• Ankunft in Torre
1. Hauptereignis:	• Keuchhusten
2. Hauptereignis:	• die nackte Tochter
Ausklang:	• erzählerische Reflexion, Einsatz der Nachsaison

Übergang (S. 32 oben – 34)

• Ankündigung des Cavaliere
• Gang zum Saalbau

Zweiter Teil

2. Abschnitt (S. 34 Mitte – 75 unten)

Einleitung:	• Saal, Publikum, Warten
	• Cipollas erste Vorführungen:
	– Giovanotto: Herausstrecken der Zunge (S. 43)
	– Rechenspiele (S. 51–66)
	– Kartenkunststücke (S. 66–76)
1. Hauptereignis:	• junger, stolzer Herr (S. 67): Willensentzug
2. Hauptereignis:	• Gesellschaftsspiele,
	• Rollentausch: Führer – Diener (S. 69–75)
Ausklang:	• Reflexion des Erzählers

Pause gegen 23:00 (S. 76–79)

3. Abschnitt (S. 80–94 oben)

Einleitung: • Hypnotische Kunststücke:

            – Junger Mann: erstarrt zum Brett (S. 82)

            – Dame: träumt von Indien (S. 83)

            – Colonello kann den Arm nicht heben (S. 84)

1. Hauptereignis: • Hypnose von Signora Angiolieri (S. 84–86)

2. Hauptereignis: • Hypnose des Herrn aus Rom (S. 88–92)

Ausklang: • Reflexion des Erzählers

4. Abschnitt (S. 94–107)

Einleitung: • Beschreibung Marios, Frage-Antwort-Spiel

1. Hauptereignis: • Verführung Marios, Kuss der Geliebten

2. Hauptereignis: • Erschießung Cipollas

Ausklang: • Erzählerkommentar, Verlassen des Saals

Abb. 5: Aufbau der Novelle

zweite Hauptereignis bildet ein Gesellschaftsspiel, in dem Cipolla sich zum Diener macht (S. 70 f.). Die Darstellung des ersten Teils des Abends endet mit einer erzählerischen Reflexion.

Eine Pause von etwa 20 Minuten unterteilt den ■ Pause zweiten Teil der Novelle (S. 76–79). Hier schiebt sich der Erzähler mit einer längeren Reflexion ein und schließt mit »[…] im Gedächtnis zu bewahren« (S. 79).

Nach der Pause eröffnet der Zauberer den zweiten ■ 2. Abschnitt Teil der Abendvorstellung mit weiteren Vorführun-

27

gen seiner Künste: ein Jüngling erstarrt zum Brett (S. 82), eine ältere Dame träumt von Indien (S. 83) und ein Colonello kann den Arm nicht mehr heben (S. 84). Cipolla steigert sich bis zu seinen Triumphen – der Hypnose von Signora Angiolieri und des römischen Herrn. Beendet wird der Abschnitt durch einen Erzählerkommentar (»Man kann sagen […]«, S. 92) und dem abschließenden Satz »[…] den Zeigefinger lang aufrichtete und zum Haken krümmte« (S. 94).

■ 3. Abschnitt   Eingeleitet wird dieser Abschnitt mit dem Satz »Mario gehorchte.« (S. 94) Nach einem Frage-Antwort-Spiel zwischen Cipolla und Mario steuern die Geschehnisse auf den eigentlichen Höhepunkt des Abends, der erniedrigenden Täuschung Marios, zu, der die Wende einleitet und in die Katastrophe führt: der Erschießung Cipollas. Ein letzter Kommentar des Erzählers beschließt die Novelle. Dabei greift er den Ausdruck »Ende mit Schrecken« (S. 107) aus der Einleitung wieder auf (S. 9), so dass eine Rahmung der Novelle entsteht.

Erzählte Zeit – Erzählzeit

Ein Mittel, um das Erzählen zu strukturieren, ist die Zeit. Eine Geschichte kann in schnellem Tempo von Ereignis zu Ereignis springend, verlangsamt oder innehaltend erzählt werden. Die Zeit gliedert die Vorgänge im Erzählten und das Erzählen selbst. Daher sind die erzählte Zeit und die Erzählzeit zu unterscheiden. Die erzählte Zeit ist die Zeit, die innerhalb

Teile/Abschnitte	Erzählte Zeit	Erzählzeit
1. Teil (S. 9–32 oben)	ca. 3 Wochen, 18 Tage Mitte August – Anfang September Schauplatz: Torre di Venere	23 Seiten
Übergang (S. 32–34 Mitte)	eine Viertelstunde Weg zum Saalbau	2,5 Seiten
2. Teil bis zur Pause (S. 34 Mitte – 75 unten)	gut 2 Stunden von 20.45 bis 23.00 21.30: Cipollas Auftritt 22.00: erste Vorführungen Schauplatz: Theater	41 Seiten
Pause (S. 76–79)	20 Minuten zwischen 23.00 – 23.30	4 Seiten
2. Teil nach der Pause (S. 80–94)	ca. 2 Stunden von ca. 23.30 bis weit nach Mitternacht	14 Seiten
(S. 94–107)	Höhe-/Wendepunkt: Mario – Cipolla wenige Minuten	13 Seiten

Abb. 6: Erzählte Zeit – Erzählzeit

der erzählten Welt vergeht (Jahre, Monate, Stunden); die Erzählzeit ist die Zeit, die für das Erzählen einer Geschichte gebraucht wird. Sie wird am Textumfang (Seitenlänge) oder an der Zeit für das Lesen eines Textes gemessen. Die Erzählzeit kann die erzählte Zeit in der fiktiven Welt überschreiten, indem einzelne Geschehnisse ausführlich dargestellt oder kommentiert werden (Zeitdehnung), oder unterschreiten, indem Geschehnisse, die sich über Jahre oder Monate erstrecken, knapp zusammengefasst oder kurz benannt werden (Zeitraffung). Zeitabschnitte in der erzählten Welt können auch übersprungen werden (Zeitsprung).

In der Novelle von Thomas Mann wird die Zeit des Erzählens bis zum Höhepunkt zunehmend gedehnt, während die erzählte Zeit in der erzählten Welt immer kürzer wird. Der erste Teil der Novelle ist wesentlich kürzer als der zweite, umfasst aber den größeren Teil der erzählten Zeit. Während im zweiten Teil der Novelle die erzählte Zeit immer kürzer wird und die Erzählzeit zunimmt. Die erzählte Zeit des ersten Teils umfasst ca. drei Wochen von Mitte August bis Anfang September und der beginnenden Nachsaison. Die Erzählzeit beträgt 23 Seiten. Die erzählte Zeit des zweiten Teils erstreckt sich von 20:45 Uhr, dem Aufbruch zum Saal über die Pause gegen 23:00 Uhr bis weit nach Mitternacht (insgesamt ca. 4 Stunden). Für die Erzählzeit werden 74 Seiten gebraucht. Die Szene mit Mario wird gedehnt dargestellt. Sie umfasst nur wenige Minuten, die aber auf etwa 13 Seiten erzählt werden, so dass die Erzählzeit für den Höhe- und Wendepunkt in der Novelle größer ist als die erzählte Zeit.

Gattungsmerkmale

Thomas Mann hatte die Erzählung in der Erstveröffentlichung, die in einer Zeitschrift erfolgte, noch als Novelle bezeichnet. Der Titel lautete: *Tragisches Reiseerlebnis. Eine Novelle von Thomas Mann.* »Tragisches Reiseerlebnis« spielt auf die Nähe der Novelle zum Drama an, insbesondere zur Tragödie, die nach der Peripetie, dem Umschlag des Handlungsverlaufs, in die Katastrophe führt. Bei der Buchveröffentlichung taucht die Gattungsbezeichnung nicht mehr auf.

Trotz der Vielfalt an Novellen in der europäischen Erzählliteratur und unterschiedlicher Novellenbegriffe gibt es mehrere Merkmale, die in der Forschung wiederholt diskutiert und als gattungstypisch eingestuft werden. Bezeichnend für die Novelle ist der Wendepunkt, der das Geschehen in eine unerwartete Richtung lenkt, und das Vorkommen eines Ereignisses, das als neu, besonders, unerhört oder hervorstechend qualifiziert wird. In Thomas Manns Novelle bildet die Verführung Marios den Höhepunkt und zugleich die Wende. Das unerhörte, hervorstechende Ereignis ist die Erschießung Cipollas.

Weitere Gattungsmerkmale sind der begrenzte Weltausschnitt, der in der Novelle zur Darstellung kommt, eine geringe Zahl von Figuren und die Ge-

■ Gattungs-
merkmale

schlossenheit der Form. Diese Geschlossenheit entsteht in *Mario und der Zauberer* durch den Anfang, der das katastrophische Ende vorwegnimmt, und das zielsichere Hinsteuern auf dieses Ende. Da es sich bei dieser Novelle um den Reisebericht eines Erzählers handelt, wird die erzählte Geschichte als wahr, tatsächlich erlebt und nicht erfunden ausgewiesen und erfüllt damit ein weiteres Gattungsmerkmal. Das novellentypische Merkmal des Dingsymbols verkörpert die Reitpeitsche des Zauberers.

■ Rahmen

Der erzählerische Rahmen, ein weiteres Merkmal der Novelle, geht auf die europäische Erzähltradition und das Muster novellistischen Erzählens im *Decamerone* (1349–53) von Giovanni Boccaccio zurück. In der Rahmenhandlung dieser Novellensammlung treten zehn Personen auf, die sich an zehn Tagen jeweils zehn Geschichten erzählen und begründen, warum sie diese erzählen. Eine Variante des erzählerischen Rahmens stellt in *Mario und der Zauberer* das Auftreten des Ich-Erzählers dar[1], der fortlaufend den Leser anspricht und damit eine mündliche Erzählsituation schafft. Auch er motiviert sein Erzählen, indem er auf den schrecklichen Cipolla (S. 9) und das katastrophische Ende verweist und damit seine Geschichte als erzählenswert markiert.

Typisch für die Novelle ist schließlich ihr Anspruch, am besonderen Fall etwas Allgemeines und über den Text Hinausweisendes zu vermitteln. Das

1 Rolf Füllmann, *Einführung in die Novelle*, Darmstadt 2010, S. 125.

lässt sich in der *Mario*-Novelle am Bezug auf eine bestimmte Herrschaftsform und Nähe zu faschistischen Führerfiguren festmachen.

Gattungsmerkmale	Novellentext
Novellistischer Erzählrahmen	• Öffnen des Rahmens durch Einleitung des Ich-Erzählers • Gesprächssituation / mündliches Erzählen • Funktion: Motivieren des Erzählens, das Erzählenswerte der Geschichte herausstellen durch Vorwegnahme des schrecklichen Endes • Schließen des Rahmens am Ende
Anspruch auf Wahrheit des Geschehens	• ein tatsächliches Reiseerlebnis
Wendepunkt	• Marios Verführung und ein Kuss
Unerhörtes, besonderes Ereignis	• Marios Erschießung des Zauberers
Begrenzter Weltausschnitt	• ca. dreiwöchiger Aufenthalt an einem italienischen Badeort
Geringe Anzahl von Figuren	• drei Hauptfiguren • nur wenige hervorgehobene Nebenfiguren
Formale Geschlossenheit	• geradliniges Zulaufen der Geschehnisse auf das angekündigte tragische Ende
Dingsymbol	• Reitpeitsche

4. Form und literarische Technik

Nähe zum Drama	• der formale Aufbau mit vier Abschnitten (Akten), Peripetie und Katastrophe
Anspruch auf Allgemeingültigkeit	• Die Novelle weist über sich hinaus auf etwas Allgemeingültiges: gesellschaftspolitische Inhalte, eine bestimmte Form von Herrschaft

Der Ich-Erzähler

Erzählform

Da der Erzähler in *Mario und der Zauberer* eine Figur in der erzählten Welt ist und von Ereignissen, die er und seine Familie selbst erlebt haben, berichtet, handelt es sich um einen Ich-Erzähler. Er spricht zu Anfang überwiegend von *wir* oder *uns* und verweist damit auf sich als Familienvater. Erst im zweiten Teil der Novelle verwendet der Erzähler gehäuft die erste Person Singular (*ich*): »Ich weiß nicht, wie weit die Tatsache, daß […].« (S. 52) oder »Ich finde das ungenügend.« (S. 77)

Erzählendes Ich – erzähltes Ich

Indem der Erzähler auf ein vergangenes Reiseerlebnis zurückblickt, besteht zwischen dem erzählenden, schreibenden Ich zum gegenwärtigen Zeitpunkt und dem erzählten, erlebenden Ich zum früheren Zeitpunkt in Torre di Venere ein zeitlicher Abstand. Das erzählende Ich berichtet von vergangenen Ereignissen, ordnet und bewertet sie, greift voraus, schafft Spannungsbögen und kommentiert sie: »Die Erinnerung an Torre di Venere ist atmosphärisch unangenehm.« (S. 9) Das erzählte Ich tritt als Familienvater und ausländischer Gast auf und wird eingeführt mit:

> »So sah es am Strande von Torre aus, als wir kamen – hübsch genug, aber wir fanden dennoch, wir seien zu früh gekommen.« (S. 12)

An dieser Stelle beginnt der eigentliche Erzählbericht, der den überwiegenden Teil der Novelle ausmacht mit Ausnahme des Gesprächs zwischen Cipolla und Mario, das szenisch dargestellt wird. Nur die beiden werden gezeigt und der Erzähler tritt völlig zurück. Er meldet sich erst kurz vor dem eigentlichen Höhepunkt, dem Kuss, wieder zu Worte (S. 104 f.) und dehnt damit die Erzählzeit vor dem Moment der tiefsten Erniedrigung Marios und des höchsten Triumphes Cipollas. Er steigert damit effektvoll die Dramatik und den Schrecken des Bösen.

Das Erzählverhalten kann danach unterschieden werden, ob der Blickpunkt (der Fokus), von dem aus erzählt wird, beim Erzähler oder bei einer Figur liegt.[2] Liegt der Fokus beim erzählenden Ich, handelt es sich um auktoriales Erzählverhalten und der Ich-Erzähler verfügt über Kompetenzen, die ihn als auktorial auszeichnen. Er kann Künftiges vorwegnehmen wie in der einleitenden Passage und setzt die Themen seiner Erzählung: die Bösartigkeit Cipollas, die Täuschungen, das Verhalten der Kinder. Er spricht im Imperfekt

■ Auktoriales Erzählverhalten

2 Swantje Ehlers, *Literaturdidaktik. Eine Einführung*, durchges. und erw. Ausg. Stuttgart 2021, S. 77–79.

von Vergangenem und gliedert das Reiseerlebnis teils chronologisch, teils durch seine Deutungen und seine emotionale Betroffenheit. Vor allem aber wendet der Erzähler sich immer wieder an den Leser.

Verschiebt sich der Fokus zum erzählten, erlebenden Ich, handelt es sich um figurales bzw. personales Erzählverhalten. Wiedergegeben werden die subjektiven Wahrnehmungen und Reaktionen des Erzählers als Familienvater und Tourist, z. B. »Die Hitze war unmäßig.« (S. 20) oder »Dieser Byzantinismus empörte uns.« (S. 17)

■ Figurales Erzählverhalten

Die Kommentare des Erzählers sind voller Wertungen, Selbstzweifel und Rechtfertigungen (siehe Abschnitt »Der Erzähler« in Kapitel 6). Gleich mit dem ersten Satz »Die Erinnerung an Torre di Venere ist atmosphärisch unangenehm.« (S. 9) stellt er sein Reiseerlebnis als negativ dar. Die negativen Erfahrungen steigern sich von »unangenehm« bis zu »abscheulich[ ]« (S. 22). Mit seinen negativen Wertungen steuert der Erzähler die Rezeption des Lesers, seine Erwartungen und Einstellungen zu den Ereignissen.

■ Erzählhaltung

Der Erzähler wendet sich direkt an den Leser und bezieht ihn in seine Überlegungen mit ein. Mit ›Leser‹ ist nicht der reale Leser gemeint, sondern ein fiktiver Leser, den der Erzähler durch seine direkte Anrede und Dialoge mit ihm selbst erzeugt. Der Erzähler legt ihm Fragen und Meinungen in den Mund und rechtfertigt sich fortlaufend für sein Handeln:

■ Der fiktive Leser

»Unfehlbar werden Sie mich fragen, warum wir nicht endlich weggegangen seien [...].« (S. 76)

Er lenkt die Aufmerksamkeit des Lesers und beeinflusst seine Wahrnehmung, indem er Bilder in ihm wachruft: »Stellen Sie ihn sich vor als einen untersetzt gebauten Jungen von zwanzig Jahren mit kurzgeschorenem Haar.« (S. 95) Mit seinen Fragen nach subjektiven Vorlieben »Mögen Sie das? Mögen Sie es wochenlang?« (S. 20) sucht er Bestätigung für seine eigenen Empfindungen.

Der Erzähler tritt als eine reflektierende Instanz auf, die die Geschehnisse kommentiert, sich selbst beobachtet und hinterfragt. Er stellt als bürgerlicher Intellektueller, der das Machtspiel Cipollas durchschaut und ein anderes Wertesystem vertritt, eine Gegenfigur zu Cipolla dar (siehe Abschnitt »Der Erzähler« in Kapitel 6).

■ Reflexionsinstanz

5. Quellen und Kontexte

Entstehung

Thomas Mann hat die Novelle im August 1929 während eines Badeaufenthaltes mit seiner Frau und den beiden jüngsten Kindern im ostpreußischen Ostseebad Rauschen, dem heutigen Swetlogorsk in Russland, verfasst. Er unterbrach seine aufwendige Arbeit am *Joseph*-Roman und begann, die Novelle zu schreiben. Da er kaum Zusatzmaterial benötigte, konnte er draußen am Strand an ihr arbeiten. Beendet hat er sie später in München. Sie wurde zuerst 1930 unter dem Titel *Tragisches Reiserlebnis. Eine Novelle von Thomas Mann* in Velhagen und Klasings Monatsheften (Heft 8, April 1930) veröffentlicht. Im Mai 1930 erschien sie unter dem Titel *Mario und der Zauberer. Ein tragisches Reiseerlebnis* in der Buchausgabe des S. Fischer Verlages mit Illustrationen von Hans Meid.

■ Biographischer Hintergrund

Eigene Reiseerlebnisse haben Thomas Mann zu dieser Novelle angeregt. Er befand sich mit seiner Frau Katia und seinen jüngsten Kindern, Elisabeth und Michael, vom 18. August bis zum 13. September 1926 zu einem Badeurlaub in Forte dei Marmi am Ligurischen Meer. Die Familie wohnte zunächst in einem Grand Hôtel, zog aber nach einigen unangenehmen Erlebnissen in die benachbarte Pension Regina um. Den Namen der Besitzerin Angela Querci hat Thomas Mann zu Angiolieri abgewandelt. Wie in der Novelle lief seine achtjährige Tochter Elisabeth nackt ans Wasser, um sich den Sand abzuspülen. Das rief Empörung hervor und Thomas Mann musste ein Bußgeld bezahlen. Die Familie besuchte eine Abendvorstellung des bekannten Illusionisten und Hypnotiseurs Cesare Gabrielli. Auch dieser trug eine Reitpeitsche und erschlich sich einen Kuss von einem jungen Mann, der danach fortlief. Die Tötung Cipollas geht auf eine Anregung von Thomas Manns Tochter Erika zurück. Ein weiteres biographisches Element ist mit der Figur Cipolla verbunden: Thomas Mann wurde innerhalb der Familie wegen seiner dichterischen Phantasie und eines Karnevalskostüms ›Zauberer‹ genannt.

Intertextuelle Bezüge

Die Novelle enthält vielfache Bezüge auf andere literarische Texte. In der zehnten Novelle des sechsten Tages des *Decamerone* von Giovanni Boccaccio taucht ■ Giovanni eine Figur namens Cipolla auf. Es handelt sich um einen Mönch, der andere täuscht, aber eines Tages selbst betrogen wird und durch seine Redegeschicklichkeit und Erfindungsgabe sein Gesicht wahren kann. Es ist zwar nicht gesichert, inwieweit Thomas Mann auf diese Quelle zurückgegriffen hat, aber er kannte die Novellensammlung. Vieles spricht dafür, dass auch die Namen Sofronia, Silvestra und Angiolieri aus dem *Decamerone* stammen. In der achten Geschichte des vierten Tages kommt die Schneiderin Salvestra vor, die erst im Tode mit ihrem Geliebten

Giovanni Boccaccio

zusammenfindet. Eine Figur namens Sophronia taucht in der achten Geschichte des zehnten Tages auf. Sie wird von zwei engen Freunden geliebt und der eine verzichtet zugunsten des anderen. Der junge Mann Angiulieri in der vierten Novelle des neunten Tages wird auf einer Reise von einem Freund bestohlen und verleumdet und bleibt nur mit einem Hemd bekleidet zurück.

■ Magne-
tiseure

Cipolla steht in der literarischen Tradition der Magnetiseure, die als Wissenschaftler, Künstler oder religiös überhöhte Führerpersönlichkeit auftreten.[3] Magnetismus war eine Heilmethode, die auf den im 18. Jahrhundert lebenden Arzt Franz Anton Mesmer zurückgeht. Nach Mesmer wird durch verschiedene Verfahren Energie, die eine heilende Wirkung hat, auf einen Kranken übertragen. Der Magnetismus entwickelte sich im 19. Jahrhundert weiter zur Hypnose und zu Suggestivverfahren. Cipolla besitzt das typische Merkmal eines Magnetiseurs – die stechenden Augen (S. 39, 44). Auf das magnetische Verfahren der Energieübertragung wird angespielt, wenn Cipolla durch »Striche und Anhauch« (S. 82) einen jungen Mann in Tiefschlaf versetzt. Aus Sicht des Erzählers beruhen Cipollas Gesellschaftsspiele auf »›magnetischer‹ Übertragung« (S. 69), er sei »Leiter« (S. 70) eines dunklen Spiels.

■ E. T. A. Hoff-
mann

Der Magnetismus wurde in der Frühromantik insbesondere durch E. T. A. Hoffmann rezipiert, der eine

3 Martin Brucke, *Magnetiseure. Die windige Karriere einer literarischen Figur*, Freiburg i. Br. 2002, S. 147–175.

Erzählung mit dem Titel *Der Magnetiseur* (1814) geschrieben hat. Cipolla ähnelt zudem dem italienischen Händler Coppola in der Erzählung *Der Sandmann* (1816), aus dessen Gesicht »ein Paar grünliche Katzenaugen stechend hervorfunkeln«[4] und der wie Cipolla ein bedrohlicher Verführer ist.

Weitere Bezüge bestehen zu Heinrich Manns Roman *Die kleine Stadt* (1909), in der das Fürstengeschlecht Cipolla heißt und es einen Tempel der Venus gibt, dessen italienische Übersetzung der Name des Badeortes in Thomas Manns Novelle ist – Torre di Venere. Während in *Die kleine Stadt* eine Opernvorstellung einen Prozess der Humanisierung und Demokratisierung, in dem soziale Hierarchien überwunden werden, auslöst, werden in *Mario und der Zauberer* demokratisch-liberale Werte gerade unterlaufen und Kunst für eine Gewaltherrschaft funktionalisiert.

■ Heinrich Mann

Anders als sonstige Künstlerfiguren im Werk von Thomas Mann, wie z. B. Tonio Kröger (1903), verkörpert Cipolla den Typus des Halbweltkünstlers. Die Figur des Buckligen kommt bereits in der Erzählung *Der kleine Herr Friedemann* (1897) vor. Aufgrund seines Buckels kann Herr Friedemann kein sinnlich-erotisches Leben führen und zerbricht am Ende. Mit seiner körperlichen Missbildung, die ein Zeichen von Verfall (Dekadenz) und Schwäche ist, ordnet sich Cipolla in die Reihe literarischer Dekadenz- und Künst-

■ Thomas Mann

---

4 E. T. A. Hoffmann, *Werke*, Bd. 2, Frankfurt a. M. 1967, S. 10.

lerfiguren bei Thomas Mann ein (siehe Abschnitt »Der Zauberkünstler« in Kapitel 6).

Bezüge bestehen auch zur Novelle *Der Tod in Venedig* (1912). Vom Billettverkäufer auf dem Schiff nach Venedig heißt es, er habe »die Physiognomie eines altmodischen Zirkusdirektors«[5] und sei in seinem Verhalten grimassenhaft. Cipolla trägt die Haartracht eines »altmodischen Zirkusdirektors« (S. 50) und sein Verhalten wird von Grimassen begleitet (S. 41). Sein »E servito« (S. 67) ist ein Zitat aus *Der Tod in Venedig*, wobei der Billettverkäufer die deutsche Übersetzung »Sie sind bedient, mein Herr« benutzt.

Die Bezeichnung »Stab der Kirke« (S. 92) für Cipollas Reitpeitsche spielt nicht nur auf Homer an, sondern auch auf eine Textstelle in Thomas Manns Roman *Der Zauberberg* (1924, Kapitel »Enzyklopädie«), in der der Italiener Settembrini Hans Castorp vor dem Sumpf der Kirke warnt. Damit ist die erotisch anziehende Madame Chauchat, der Castorp nicht gewachsen ist, gemeint. Cipollas Reitpeitsche hat ebenfalls eine erotisch-sexuelle Komponente und wird zum Zeichen seiner Herrschaft. Die »dämonische Suggestionskraft« der Figur Naphta und »seine Beziehungen zum Übersinnlichen« leben in Cipolla weiter.[6]

---

5 Thomas Mann, *Werke. Taschenbuchausgabe in zwölf Bänden*, Bd. 2, Frankfurt a. M. 1967, S. 349.
6 Helmut Koopmann, »Führerwille und Massenstimmung: *Mario und der Zauberer*«, in: Volkmar Hansen (Hrsg.): *Interpretationen. Thomas Mann: Romane und Erzählungen*, Stuttgart 1993, S. 155.

6. Interpretationsansätze

Zeitgeschichtlicher Kontext

Die Novelle wird zeitlich und räumlich im Italien der 1920er Jahre verankert. Mit Namen, Herrschaftssymbolen und Gesten wird auf den italienischen Faschismus angespielt. Auch der biographische Hintergrund liefert Daten, die auf das Italien der 1920er Jahre als Schauplatz der Novelle verweisen. 1926 reiste Thomas Mann mit seiner Familie nach Forte dei Marmi und 1929 begann er an der Ostsee mit der Niederschrift der Novelle. Inwiefern der politisch-gesellschaftliche Kontext zum Verständnis der Novelle und der Deutung von Figuren, Handlungsgeschehen und Konfliktlage beiträgt, ist eine Interpretationsfrage, die die Literaturkritik unterschiedlich beantwortet hat. Um sich dieser Frage zu nähern, muss zunächst geklärt werden, was Faschismus ist und welche seiner Aspekte in der Novelle eine Rolle spielen.

Der Faschismus ist in Italien entstanden und war Vorbild für andere europäische Länder und insbesondere für Hitler. Am Gründungstag des italienischen Faschismus (23. März 1919) nannte Benito Mussolini seine Bewegung *fasci italiani di combattimento* (›Kampfbund‹) und wandelte sie 1921 in eine politische Partei um. Der Begriff ›Faschismus‹ geht auf das italienische Wort *fascio* zurück, das vom lateinischen *fasces* abgeleitet ist. Es bezeichnete ein Rutenbündel mit einem Richterbeil. Die Lederriemen, die das Bün-

■ Italien der 1920er Jahre

del zusammenhielten, stehen für Fessel oder Peitsche.[7] In der römischen Republik waren die *fasces* Symbol staatlicher Macht und Strafgewalt. Als Symbol für einen Bund wurden sie erst im 19. Jahrhundert in der Arbeiterbewegung verwendet. Mussolinis Kampfbünde waren gewaltbereit, militant und nationalistisch. Ab 1920 wurde der italienische Faschismus zu einer Massenbewegung vor allem in Oberitalien.

■ Voraussetzungen

Voraussetzungen für die Entwicklung des italienischen und deutschen Faschismus waren der soziale, wirtschaftliche und kulturelle Zusammenbruch nach dem Ersten Weltkrieg und das Scheitern der bürgerlich-demokratischen Parteien, mit dieser Krise umzugehen. Die gesellschaftlichen Umbrüche der Industrialisierung sowie der Bildung einer Nation und eines Verfassungsstaates führten zu einer Strukturkrise, die große Unsicherheiten und den Wunsch nach Ordnung und Führung hervorriefen und wesentlich zum Entstehen faschistischer Regimes beigetragen haben.[8] Mussolini versprach, die Nation zu einen. In Deutschland waren die Konflikte besonders ausgeprägt, so dass in den 1920er Jahren ein neuer, radikaler Nationalismus entstand, der für die Idee der nationalen Einheit eintrat und den inneren Zusammenhalt der Gesellschaft durch die Volksgemeinschaft festigen wollte.

7 Robert O. Paxton, *Anatomie des Faschismus*, aus dem Engl. von Dietmar Zimmer, München 2006, S. 12.
8 Wolfgang Schieder, *Faschistische Diktaturen. Studien zu Italien und Deutschland*, Göttingen 2008, S. 328 f.

Die ideologischen (weltanschaulichen) Wurzeln des Faschismus reichen bis in die 1890er Jahre zurück. Während der alte Nationalismus des 19. Jahrhunderts von demokratischen Werten bestimmt war und sich auf die Menschenrechte berief, entstand ein neuer Nationalismus, der sich intellektuell und politisch gegen den Individualismus der liberalen Demokratie und die Werte und den Rationalismus der Aufklärung wandte, Menschenrechte verwarf und vom Kollektiv, der Gemeinschaft, ausging. Er lehnte das Konzept des Menschen als eines Individuums ab, weil es die Einheit der Nation gefährdete. Die Gemeinschaft, das Volk, hatte Vorrang vor den Rechten des Einzelnen.

■ Ideologie

Nach seinem Marsch auf Rom am 28. Oktober 1922 wurde Mussolini vom König mit der Regierungsbildung beauftragt und Ministerpräsident. In einem Staatsstreich am 3. Januar 1925 setzte Mussolini das parlamentarische Regierungssystem außer Kraft, errichtete eine faschistische Diktatur und nannte sich *Duce del fascismo*.

■ Macht-
übernahme

Mussolinis Regime war eine Führerdiktatur, die auf einem Bündnis zwischen traditioneller Führungselite (König, Armee, Beamtenschaft, Großgrundbesitzer) und faschistischer Massenpartei beruhte. Er verbot oppositionelle Parteien und Gewerkschaften, hob die Presse- und Meinungsfreiheit auf und führte eine politische Justiz ein. Faschistisch wurde Mussolinis Führerdiktatur jedoch erst durch den Bezug auf Massen und seine Fähigkeit als charismatischer Führer,

■ Führer-
diktatur

Massen zu mobilisieren und zu beeinflussen.[9] Hitler hat Mussolini bewundert und sich in seiner Strategie der Machtübernahme im Januar 1933, in der Absicherung seiner Macht durch das Führerprinzip und seinen Techniken, Massen zu begeistern, an Mussolini orientiert. Der Faschismus war totalitär, weil er alle Bereiche des menschlichen Lebens (Handlungen, Soziales, Intellektuelles) durchdringen wollte.

Sozialstruktur der Partei

Wähler und Mitglieder der faschistischen Parteien in Italien und Deutschland stammten aus allen gesellschaftlichen Gruppen und Schichten. Ihre soziale Zusammensetzung änderte sich ständig. In der Anfangsphase waren es Bauern, Studenten und bestimmte Gruppen von Akademikern, die erfasst wurden, danach Handwerker, Kleinhändler und freie Berufe und in einer weiteren Phase ab 1926 das mittlere und obere Bürgertum und große Teile der Arbeiterschaft.[10] In der Weimarer Zeit stand das Bildungsbürgertum der Nationalsozialistischen Partei (NSDAP) ablehnend gegenüber, erst ab 1929 kamen die Mitglieder/Anhänger der NSDAP zunehmend aus dem oberen akademisch geprägten Mittelstand und der Studentenschaft.

Römische Vergangenheit

Mit der Namensgebung der Bewegung, dem römischen Gruß (erhobener rechter Arm) und der Freilegung antiker Bauten in Rom wie dem Kapitol und dem Kolosseum bezog Mussolini sich auf die römische Vergangenheit und nutzte sie für seine Selbstdarstellung. Er umgab sich mit der Ausstrahlung im-

9 Schieder (s. Anm. 8), S. 40.
10 Ebd., S. 369 f.

perialer Größe und wollte zugleich die nationalkon-
servativen Eliten, die stolz auf ihre nationale Kultur
waren, für sich gewinnen. Mussolini benutzte die römische Vergangenheit, um Italiener für seine politischen Ziele zu gewinnen, den Mittelmeerraum zu
beanspruchen und Italien zu einer neuen Größe zu
führen.

Mussolini wie Hitler bauten einen Kult des Führers
auf. Terror, Gewalt und Mord wurden durch ihre öffentliche Selbstinszenierung als Duce/Führer über-
deckt. Um die Massen zu fesseln, setzten sie gezielt
Massenmedien (Film, Foto, Radio) und neue Technik
(Autos, Flugzeuge) ein. Ihre Massenveranstaltungen
folgten einer genauen Dramaturgie: Dialog von Führer und Masse, demagogische Reden, Aufmarsch der
Miliz bzw. der Sturmabteilung (SA) im Marschschritt,
Gesänge, Fahnen, Girlanden und politische Symbole.
Im Faschismus wurde Politik ästhetisiert, indem sie ■ Ästhetisie-
in Theateraufführungen mit Bühneneffekten umge- rung der
wandelt wurde und eine Scheinwirklichkeit erzeugte, Politik
die eine hohe Anziehungskraft auf Massen ausübte.[11]
Die Veranstaltungen vereinheitlichten die Anhängerschaft. Der Einzelne verschwand in der Masse und
wurde ein Teil von ihr. Die ästhetische Inszenierung

11 Peter Reichel, *Der schöne Schein des Dritten Reiches.
Faszination und Gewalt des Faschismus*, München/Wien
1991; Walter Benjamin, »Das Kunstwerk im Zeitalter seiner
Reproduzierbarkeit«, in: W. B.: *Gesammelte Schriften*,
Bd. 7.1, hrsg. von Rolf Tiedemann und Hermann Schwep-
penhäuser, Frankfurt a. M. 1989, S. 350–384.

befriedigte Bedürfnisse nach Identifikation, Gemeinschaft und Unterhaltung und verdeckte die dahinterstehende Gefahr. In der Demonstration von Macht kamen die ersehnte nationale Größe und Einheit zur Geltung. Volk und Führer wurden zu ideologischen Leitbegriffen von Politik und Gesellschaft.

Charisma des Führers

Politische Führer wie Mussolini und Hitler besaßen eine Anziehungskraft, die als Charisma bezeichnet wird. Charisma ist eine Qualität, die einer Persönlichkeit von ihrer Anhängerschaft zugesprochen wird. Oft waren Führer nur durchschnittliche, unbekannte Menschen wie Hitler, der als Künstler gescheitert war und eine Zeitlang als Asylant in Wien lebte. Sein Charisma entfaltete sich erst im Kontakt mit der Masse. Zwischen Führer und Geführten besteht eine wechselseitige Beziehung. Der Führer stellt sich als Diener seines Volkes dar, der sich für das Volk und die Nation aufopfert und seine persönlichen Bedürfnisse zurückstellt[12], um eine bestimmte Mission, wie die nationale Befreiung, zu erfüllen. Die Masse wiederum erhebt eine Person nicht um ihrer selbst willen zum Führer. Sie unterwirft sich ihr, weil sie eine Idee, z. B. eine ›Volksgemeinschaft‹ oder einen ›Volkswillen‹, verkörpert. Zugleich steigert sich das Selbstwert-

---

12 Michael Günther, *Masse und Charisma. Soziale Ursachen des politischen und religiösen Fanatismus*, Frankfurt a. M. [u. a.] 2005, S. 72 f.

gefühl des Einzelnen. Die Beziehung beruht auf Emotionen und dem Glauben an die charismatischen Fähigkeiten des Führers, dass er eine Lösung für soziale Not oder gesellschaftliche Krisen findet. Charismatische Vorgänge sind jedoch nicht nur emotional und triebhaft, sondern vor allem von Sinnorientierungen (Ideen, Werte, Moral) bestimmt. Das Handeln eines charismatischen Führers ist von einem ›Geheimnis‹ umgeben, das rätselhaft bleibt und sich einer rationalen Deutung entzieht. Das Geheimnis fasziniert und erschreckt, es zieht an und ruft zugleich Abwehr hervor.

Auf diesen Doppelcharakter einer charismatischen Beziehung, der auch in der Novelle eine Rolle spielt, geht Thomas Mann in seinem Essay *Bruder Hitler* (1938) ein.[13] Er bezeichnet Hitler als eine Katastrophe. Er fand ihn interessant und fesselnd, bewunderte ihn und war zugleich von ihm angewidert. Er verweist auf dessen Mittelmäßigkeit als eines mehrfach Gescheiterten und ›Dauer-Asylisten‹, der zwischen 1908 und 1910 im Obdachlosenasyl in Wien lebte, zu keiner Arbeit fähig war und dennoch zu unumschränkter Macht aufstieg.

■ Der Essay
Bruder Hitler

13 Thomas Mann, *Gesammelte Werke in 13 Bänden*, hrsg. von Hans Bürgin und Peter de Mendelssohn, Bd. 12, Frankfurt a. M. ²1974, S. 845–852.

Die Masse

Der Erfolg des Faschismus beruhte wesentlich auf der Anziehungskraft, die er auf Massen ausübte. Eine Masse ist durch zwei Merkmale gekennzeichnet: Sie umfasst eine hohe Anzahl von Menschen und es bestehen Bindungen zwischen ihnen, um sie zusammenzuhalten. Doch welcher Art sind diese Bindungen?

■ Gustave Le Bon

Der Arzt und Psychologe Gustave Le Bon hat in seiner Schrift *Psychologie der Massen* (1895)[14] die Bindungen zwischen den Individuen psychologisch erklärt. Danach löst sich der Einzelne in der Masse von bestimmten Eigenschaften (Gefühle, Denken, Haltungen), die seine Persönlichkeit ausmachen, und nimmt ein anderes Verhalten an. Er ist in der Masse nicht mehr er selbst, sondern verschmilzt mit anderen zu einer Einheit. Als Teil einer Masse denkt, fühlt und handelt er anders, als wenn er für sich ist. Die Masse hat andere Eigenschaften als die Einzelnen, die in ihr zusammengeschlossen sind. Die Mitglieder einer Masse sind reizbar, leichtgläubig und unfähig zum logischen, vernünftigen Denken. Gefühle statt Vernunft steuern das Verhalten.

■ Bildung einer Masse

Prozesse, die zur Bildung einer Masse führen, sind nach Le Bon erstens der Verlust an Moral, so dass Einzelne ihre Triebe unkontrolliert ausüben können, zweitens die Übertragung von Gefühlen und Hand-

14 Gustave Le Bon, *Psychologie der Massen*, Stuttgart 1953.

lungen auf andere (Ansteckung), die Bindungen zwischen den Einzelnen herstellen, und drittens die Suggestion, die Beeinflussbarkeit, die den Einzelnen in einen Zustand der Hypnose versetzt, bei dem der Wille und das Unterscheidungsvermögen ausgeschaltet sind. Die Masse ist nach Le Bon unfähig zu wollen und zu denken.

Le Bon und seine Zeitgenossen haben die Masse sehr negativ eingeschätzt, sie für zerstörerisch gehalten und in ihr eine Bedrohung des Individuums gesehen. Für Le Bon fällt der Mensch in der Masse auf eine frühere Stufe seiner Kulturentwicklung zurück und wird zu einem wilden Wesen.[15] Diese negative Beurteilung der Masse und Ängste vor dem Niedergang der abendländischen Kultur und des bürgerlichen Individuums entsprachen der allgemeinen kulturpolitischen Stimmung im ausgehenden 19. Jahrhundert und in der Weimarer Zeit.[16] Le Bons Begriff von Masse ist von Vorurteilen und Weltanschauungen seiner Zeit bestimmt. Aus heutiger sozialwissenschaftlicher Sicht besitzt die Masse durchaus die Fähigkeit zum vernünftigen, rationalen Handeln, z. B. bei politischen Bewegungen, die demokratische Rechte einfordern.

■ Kulturkritische Sichtweise

Le Bon hatte mit seinem Buch einen sensationellen Erfolg, wurde jedoch von der Wissenschaft nicht ernst genommen, weil er populärwissenschaftlich schrieb und vage Begriffe benutzte. Er wandte sich

■ Rezeption von Le Bon

15 Le Bon (s. Anm. 14), S. 5 f.
16 Günther (s. Anm. 12), S. 94.

vor allem an Staatslenker und das allgemeine Publikum. Auch Mussolini hat Le Bon gelesen und viele seiner Strategien der Lenkung und Mobilisierung von Massen von ihm übernommen. Hitler hat wiederum Mussolini kopiert.

Textinterpretation

In der Novelle wird eine bestimmte Form von Herrschaft, die sich zu politischen und ästhetischen Praktiken des Faschismus in Beziehung setzen lässt, mit erzählerischen, sprachlichen und novellistischen Mitteln in Szene gesetzt. Der Zusammenhang von ästhetischen Darstellungsverfahren, Inhalten und gesellschaftspolitischen und literarischen Kontexten soll im Folgenden schrittweise entwickelt werden.

Politischer Hintergrund

Namen, Symbole, Gesten und ideologische Inhalte innerhalb des Textes verweisen auf den italienischen Faschismus. Signora Angiolieri schmückt sich mit ihrer früheren Tätigkeit als Gesellschaftsdame bei Eleonora Duse (S. 18), die nicht nur eine berühmte Schauspielerin, sondern auch mit dem faschistischen Schriftsteller und Kriegshelden Gabriele D'Annunzio befreundet war. Cipolla fühlt sich durch den Besuch des Bruders des Duce auf einer seiner Abendveranstaltungen geschmeichelt (S. 47) und benutzt den römischen Gruß, den Gruß der Faschisten (S. 98, 100).

Das Bündel (S. 41, 107) spielt auf das Rutenbündel, dem der Faschismus seinen Namen verdankt, an, ebenso die »pfeifende Ledergerte« (S. 92). Mussolini stellte sich selbst staatsmännisch mit einem schwarzen Gehrock und einer Reitpeitsche dar und auch für Hitler gehörte die Reit- bzw. Hundepeitsche zu seiner Selbstdarstellung.

Der Erzähler spürt von Beginn an eine Stimmung, die er als unangenehm, gereizt und überspannt beschreibt (S. 9) und mit dem Politischen und einem spürbaren Patriotismus, der sogar die Kinder am Strand mit ihrem Flaggenzwist ergriffen hat, in Verbindung bringt (S. 26). Nationalismus zeigt sich, wenn von »der Größe und Würde Italiens« (S. 25) gesprochen wird und der vornehme Herr am Strand »die Ehre seines Landes« (S. 27) durch die nackte Tochter des Erzählers infrage gestellt sieht. Patriotismus und Vorstellungen von der Einheit der Nation sind Deutungsmuster, die ins 19. Jahrhundert zurückgehen und die der Faschismus kultiviert hat, um ein Nationalgefühl bei der Masse zu erzeugen. Eine solche ideologisierte Atmosphäre in Torre verdichtet sich für den Erzähler schließlich noch in der »Merkwürdigkeit, Nichtgeheuerlichkeit und Gespanntheit« (S. 78) auf der Abendveranstaltung.

■ Nationalistische Stimmung

Als patriotisch gibt sich der Giovanotto mit seiner »Modefrisur des erweckten Vaterlandes« (S. 43). Cipolla schlägt patriotische und nationalistische Töne an, wenn er durch das Analphabetentum der beiden »Lümmel« die Würde Italiens beleidigt sieht (S. 55),

■ Patriotismus

und bedauert, dass er aufgrund seines Leibesschadens nicht »am Kriege für die Größe des Vaterlandes« (S. 47) habe teilnehmen dürfen. Mit dem Namen Mario verbindet Cipolla »die heroischen Überlieferungen des Vaterlandes« (S. 98) und verweist damit auf den römischen Feldherrn und Staatsmann Gaius Marius (158–86 v. Chr.), der als Retter Roms bezeichnet wird, weil er keltische und germanische Stämme besiegt hat. Als Motiv klingt Mussolinis Rückbezug auf die römische Antike an, mit dem er seine Führerschaft ideologisch festigen und die Massen mobilisieren wollte.

Der Zauberkünstler

Mit der Ankündigung der Veranstaltung des Cavaliere und dem am Ortsrand gelegenen, heruntergekommenen Saalbau, in dem sie stattfinden soll, wird eine nicht alltägliche Situation geschaffen, die den Rahmen für die folgenden Geschehnisse bildet. Cipollas Selbstbezeichnung als Illusionist und Taschenspieler (S. 32) und der Ort sind Hinweise auf den Charakter der Veranstaltung: Sie gehört zur künstlerischen Halbwelt von Kino und Varieté-Theater, deren Kunst zweitrangig ist.

■ Cipollas Selbstinszenierung

Cipolla inszeniert sich selbst als jemand, der über den Abend, die Dynamik der Abläufe und das Publikum verfügt. Er lässt lange auf sich warten und steigert dadurch die Spannung. Sein Auftritt wird angekündigt durch einen Gongschlag und das Öffnen des

Vorhangs, der den Blick auf die Bühne freigibt. Dann beschleunigt der Cavaliere das Geschehen, indem er im raschen Schritt die Bühne betritt (S. 38), und verlangsamt es wieder, indem er schweigend das Publikum mustert, zwischendrin die Handschuhe auszieht, Zigaretten hervorholt, raucht und den Abendmantel zurückwirft (S. 42). Immer noch tut er nichts, bis die erste Aktion durch den Zuruf eines jungen Mannes ausgelöst wird.

Cipollas Ziel besteht darin, die Zuschauer zu beherrschen und sie seinem Willen zu unterwerfen. Dafür setzt er verschiedene Mittel ein: Mimik, Gestik, sprachliche Einflüsterungen (Suggestionen), Reitpeitsche, Hypnose und andere Taktiken, Rede- und Schauspielkunst.

■ Cipollas Herrschafts-mittel

Zunächst fixiert Cipolla seine Opfer mit einem stechenden Blick (S. 58, 59, 90), um sie in seinen Bann zu ziehen: »Er sah ihn [Giovanotto] an, wobei seine stechenden Augen tiefer in die Höhlen zu sinken schienen.« (S. 44) Mit Fingerbewegungen zieht Cipolla einzelne Zuschauer zu sich heran – wie etwa Signora Angiolieri:

■ Mimik/ Gestik

»Dieser nun, die Peitsche ans Handgelenk gehängt, begann mit allen seinen zehn langen und gelben Fingern winkende und ziehende Bewegungen gegen sein Opfer zu vollführen und rückwärts zu gehen.« (S. 85)

■ Einflüste-rungen

Um seine Opfer zu bezwingen, redet Cipolla auf sie ein. Suggestiv flüstert er z. B. dem Giovanotto ein, eine Kolik zu haben, die dieser lindern könne, wenn er sich krümmen würde. Parallel dazu versenken sich seine Augen in die des jungen Mannes, bis er ihm befiehlt »Krümme dich!« (S. 59). Und der junge Mann krümmt sich.

■ Die Reit-peitsche

Cipolla trägt »unpassenderweise« (S. 42) eine Reitpeitsche mit einem Klauengriff, wie es im Text heißt. Sie ist unpassend, weil sie nicht mehr zeitgemäß ist, sondern ein Gegenstand vergangener Zeiten, den Ritter, Reiter und der Adel trugen. Cavaliere heißt zu Deutsch ›Ritter‹ und steht sprachlich in Verbindung zu *cavallo* (›Pferd‹). Dazu passt die Reitpeitsche, die mehrere Funktionen erfüllt:

■ 1. Hypnose

Cipolla benutzt sie erstens zur Hypnose. Mit ihrem Geräusch (Zischen, Pfeifen, Knallen) und einem begleitenden Lufthauch werden Einzelne aus dem Publikum in einen hypnotischen Zustand versetzt und tun das, was Cipolla ihnen befiehlt – wie etwa der Giovanotto, der die Zunge herausstrecken soll:

»[...] und ließ seine Reitpeitsche, deren Schlinge er vom Arme hatte gleiten lassen, einmal kurz durch die Luft pfeifen. Der Bursche machte Front gegen das Publikum und streckte die Zunge so angestrengt-überlang heraus, daß man sah [...].« (S. 44 f.)

Ähnliches geschieht mit dem Colonello, der seinen Arm nicht mehr heben kann, nachdem Cipolla die Peitsche durch die Luft pfeifen ließ (S. 84).

Zweitens manipuliert Cipolla einzelne Personen mit der Reitpeitsche. Bei den Rechenspielen zwingt er z. B. einen Mitspieler genau die Zahl, die er zuvor an die Tafel geschrieben hatte, zu nennen, obwohl der Betreffende einen anderen Betrag hatte sagen wollen (S. 65). ■ 2. Manipulation

Die Peitsche hat drittens die Funktion, Personen wieder aus der Hypnose zu befreien. Cipolla »tat dann mit der Reitpeitsche einen kurzen Hieb durch die Luft« (S. 60) und der gekrümmte junge Mann stand wieder aufrecht. ■ 3. Erlösung

Viertens setzt Cipolla die Reitpeitsche ein, um die Hypnose und seine Kontrolle über andere aufrechtzuerhalten. Als mehrere Personen auf der Bühne und im Saal tanzen, lässt er »halb rückwärts, die Peitsche gegen einen Zappler pfeifen, der im Vergnügen nachlassen wollte« (S. 93). ■ 4. Kontrolle

Die Peitsche ist ein Gegenstand, mit dem Cipolla andere bezwingt. Sie symbolisiert Gewalt und ist zugleich ein Gegenstand, der erotisch aufgeladen ist, wie die Szene mit Signora Angiolieri zeigt. Als Cipolla seine Peitsche pfeifen lässt, folgt sie ihm willenlos, entgleitet ihrem Ehemann und kann ihre Tugend nicht »gegen bösen Zauber« (S. 85) verteidigen. Die Bezeichnung »Stab der Kirke« (S. 92) spielt ebenfalls darauf an, dass die Peitsche ein erotisches Objekt ist und magische Qualitäten besitzt. Mit ihr verwandelt ■ Dingsymbol

Cipolla Personen in einen anderen körperlichen Zustand und verändert dadurch die Realität.

Durch Hypnose zwingt Cipolla einzelne Zuschauer, Dinge zu tun, die sie nicht tun wollen, und täuscht sie, indem er ihnen etwas Trügerisches vorgaukelt – wie z. B. das Liebesglück bei Mario (siehe Abschnitt »Mario und seine Tat« in Kapitel 6). Er versetzt Einzelne in einen Zustand, in dem sie nicht mehr sie selbst sind und nicht nach ihrem eigenen Willen handeln, sondern einem fremden Willen folgen. Die Hypnose ist ein Herrschaftsinstrument, das dem Einzelnen seine Individualität nimmt, ihn manipuliert und in die Fremdbestimmung zwingt. Cipollas Kunst ist doppelbödig: Sie ist einerseits Theater, Schauspiel und Unterhaltung, andererseits dient sie der Macht und Ausübung einer hypnotischen Gewalt über andere, deren inhumanen Charakter sie hinter dem schönen Zauber verbirgt.

■ Funktion der Hypnose

■ Redekunst

Cipolla beherrscht die Kunst des Redens und setzt sie strategisch ein, um zu schmeicheln (wie bei Angiolieri), zu verführen (wie bei Mario) und zu provozieren wie im Fall des Giovanotto: »Ein Jüngling, der das Herz auf der Zunge hat! [...] diesem Türmer der Venus« (S. 57). Er verspottet Zuschauer wie die beiden Burschen, denen er vorwirft, durch ihr Analphabetentum nicht nur sich selbst zu erniedrigen, »sondern auch die Regierung« (S. 55). Mit seinen Schmeicheleien, Verhöhnungen und Beleidigungen unterhält Cipolla die Zuschauer, erregt ihre Gefühle und steigert seinen Einfluss auf sie.

Herrschaftsmittel	Funktion
Mimik (Augen, Blick)	• Opfer in den Bann ziehen
Gestik (Finger)	• Opfer heranlocken
Reitpeitsche	• Hypnose • Manipulation • Erlösung • Kontrolle
Einreden/Suggestionen	• Einflüstern von Zuständen • Erzeugen einer Illusion (Silvestra)
Befehlen	• Personen veranlassen, Handlungen durchzuführen
Sprache/Redekunst	• Publikum beeinflussen, Emotionen schüren, Unterhaltungseffekte erzeugen, seinen Einfluss steigern
Taktiken	• Herauslösen des Einzelnen aus dem Publikum, um ihn beherrschbar zu machen • Selbst in den Zuschauerraum gehen, um die Distanz aufzuheben und auf Tuchfühlung zu gehen • Doppelspiel von Selbstunterwerfung unter das Publikum und sich darin zum Herrscher machen
Schauspielkunst	• Wirkungseffekte, um das Publikum in den Bann zu ziehen • Techniken der Illusionsbildung und Verzauberung

■ Rollen-
  wechsel

An einer Stelle ändert Cipolla seine Taktik und wechselt die Rolle vom Herrscher zum Beherrschten, vom
Führer zum Geführten. Er hebt die räumliche und
körperliche Distanz zum Publikum auf, begibt sich in
den Publikumsraum und führt den Willen des Publikums aus. Der Erzähler kommentiert:

> »Die Rollen schienen vertauscht, der Strom ging in
> umgekehrter Richtung, und der Künstler wies in
> immer fließender Rede ausdrücklich darauf hin.
> Der leidende, empfangende, der ausführende Teil,
> dessen Wille ausgeschaltet war, und der einen
> stummen in der Luft liegenden Gemeinschaftswil-
> len vollführte, war nun er, der solange gewollt und
> befohlen hatte; aber er betonte, daß es auf eins hin-
> auslaufe. [...] Befehlen und Gehorchen, sie bildeten
> [...] eine unauflösliche Einheit [...].« (S. 70 f.)

Cipolla unterwirft sich dem Publikum jedoch nur
zum Schein, in Wirklichkeit beherrscht er es weiterhin und lenkt dessen Handlungen (Verstecken von
Gegenständen). Er versteht sich als Führer, der Diener
seines Volkes ist und darin zu ihrem Herrscher wird.
Befehlen und Gehorchen bilden wie Volk und Führer
eine Einheit (S. 71). Mit diesen Thesen rechtfertigt Cipolla seinen eigenen Herrschaftsanspruch und verwendet Begriffe, die zum ideologischen Vokabular
des Faschismus gehören. Für den Faschismus war das
Volk ein Gemeinschaftskörper, in dem der Einzelne
aufgeht und sich bedingungslos einem Führer unter-

wirft. Cipollas Taktik der Unterwerfung ähnelt der Beziehung politischer Führer zu ihrer Anhängerschaft, die wie oben dargelegt (siehe Abschnitt »Zeitgeschichtlicher Kontext« in Kapitel 6), auf einer Wechselwirkung beruht: Der Führer nimmt die Bedürfnisse, Gefühle und Hoffnungen seiner Anhänger auf und macht sich zu ihrem Diener, um in der Unterwerfung ihr Herr zu werden.

Cipolla ist körperlich durch einen Buckel gezeichnet und trägt damit ein Stigma, ein Merkmal, das gesellschaftlich negativ besetzt ist und aufgrund dessen eine Person abgewertet wird. Cipolla ist mehrfach stigmatisiert: körperlich durch seinen Buckel, gesellschaftlich durch seinen Beruf als fahrender Trickkünstler, sozial durch seine Bindungslosigkeit (ohne Liebesbindung, Familie, Freunde). Diese Merkmale brandmarken ihn als andersartig und machen ihn zum gesellschaftlichen Außenseiter. Doch steht seine körperliche Verwachsenheit noch in anderen Motivzusammenhängen und macht die Figur des Zauberers vielschichtig.

■ Der Stigmatisierte

Stigma-Merkmale Cipollas	
körperlich	• Buckel
gesellschaftlich	• Wanderkünstler, Halbweltkünstler • unbürgerliche Existenz
sozial	• keine Einbindung durch Familie oder Freundschaften
privat	• kein Liebesleben

Cipolla stellt sich nicht als Opfer dar, sondern widersetzt sich dieser Rolle, indem er sein Stigma selbst thematisiert. Er kompensiere seinen ›Leibesschaden‹, wie er sagt, durch ein geistiges Leben (S. 47). Aufgrund seines Leibesschadens habe er nicht am großen Krieg teilnehmen können (ebd.), kenne sich aber trotz seines Gebrechens in Liebesdingen aus (S. 103). Indem Cipolla seine eigene körperliche Missbildung anspricht, charakterisiert er sich selbst als abweichend und gesellschaftlich stigmatisiert. Er konstruiert seine

■ Cipollas
Identität

eigene Identität in der Andersheit und deutet seine Stigmatisierung um in den Anspruch, Herrscher zu sein, um durch Macht auszugleichen, was ihm die Gesellschaft verwehrt: Anerkennung, Zuwendung, Erfüllung sexueller Wünsche und soziale Integration.

Die körperliche Missbildung macht aus Sicht des Erzählers Cipollas erotische Anspielungen und Sticheleien gegen den schönen jungen Mann, den Giovanotto, und dessen männliche Erfolge bei den Frau-

■ Minder-
wertigkeits-
komplex

en verständlich (S. 47) und weisen auf Cipollas Minderwertigkeitsgefühle und Neid hin. Motive der körperlichen Benachteiligung und einer dadurch verwehrten Sexualität verbinden sich mit psychologischen Antrieben, das auszugleichen, was ihm versagt ist. Cipolla benutzt das Publikum entsprechend als Medium für seinen Machtwillen, seine Triebwünsche und um seine körperliche Benachteiligung und soziale Ausgrenzung zu kompensieren.

In der Verknüpfung von Stigmatisierung und Führungsanspruch weist der Text über sich hinaus auf eine soziokulturelle Praxis, in der der Stigmatisierte in bestimmten historischen Situationen aus seiner Randstellung hervortritt und als Auserwählter zu einem charismatischen Führer wird. Auch Cipolla ist der vom sozialen Rand Kommende, der durch sein Charisma und seine hypnotischen Fähigkeiten zum Herrscher wird und durch Macht seine gesellschaftliche Herabsetzung auszugleichen versucht. Er ähnelt in dieser Hinsicht politischen und religiösen Führern, die wie Hitler als Gescheiterte stigmatisiert waren, wie Napoleon aus der Fremde kamen oder wie Lenin oder Chomeini aus dem Exil und zu charismatischen Führern aufstiegen.[17] Aber der Buckel ist nicht nur ein soziales Stigma, das politisch umfunktioniert wird, sondern auch ein literarisches Motiv (siehe Kapitel 5).

■ Stigma und Herrschaft

Körperliche Gebrechen sind in der Literatur und insbesondere im Werk von Thomas Mann ein Zeichen für Dekadenz, Verfall und körperliche Schwäche. Der Erzähler betont wiederholt die typischen Merkmale von Dekadenz bei Cipolla: schlechte Zähne (S. 41, 104), Augen mit schlaffen Säcken darunter (S. 40), Beutelaugen (S. 104), hässliches Haar (S. 50), Hohläugigkeit (S. 69), kahler Schädel (S. 50). Auch Cipollas physische Erschöpfung, gegen die er durch Alkohol- und Zigarettenkonsum kämpft, signalisiert Schwäche. Unter diesem Gesichtspunkt ordnet sich Cipolla in die Reihe literarischer Dekadenz- und Künstlerfiguren im Werk von Thomas Mann ein, wie

■ Dekadenzmotiv

17 Wolfgang Lipp, *Stigma und Charisma. Über soziales Grenzverhalten*, Berlin 1985, S. 240.

der kleine Herr Friedemann, der ebenfalls einen Buckel trägt, oder der kränkliche, sensible Hanno in den *Buddenbrooks* (siehe Abschnitt »Werkübersicht« in Kapitel 7).

■ Funktion

Cipollas körperliche Verwachsenheit ist ein durchgehendes Motiv der Novelle und hat mehrere Funktionen. Sie

- ist ein Stigma; Merkmal sozialer Ausgrenzung und Abwertung;
- ein literarisches Dekadenzmotiv;
- Zeichen der Identität des Zauberers;
- Zeichen eines beschädigten Lebens;
- mit dem Phänomen des Charismas verbunden;
- wird als Stigma umgedeutet in einen Herrschaftsanspruch;
- erklärt die psychologischen Motive Cipollas, sich andere zu unterwerfen.

Das Publikum

Die Reaktion der Zuschauerinnen und Zuschauer, die anfangs distanziert und am Ende völlig begeistert sind (S. 75), zeigt, welche Anziehung Cipolla besitzt. Das Publikum erkennt Cipollas Fähigkeiten und Erfolge an, genießt die Unterwerfung anderer und fühlt sich durch die Demütigung der Opfer unterhalten (S. 68), ohne Skrupel zu haben.

Nach der Verführung von Signora Angiolieri wächst Cipollas Macht über das Publikum, das er schrittweise zum Tanz verführt. Als Ersten greift er sich den Schwächsten, den Jüngling, der ihm nahezu hörig ist, um ihn Step tanzen zu lassen (S. 88 f.). Als Letzten nimmt er sich den vor, der am meisten Widerstand bietet, den römischen Herrn. Für dessen Unterwerfung braucht Cipolla mehr Zeit, Anrufe, bohrende Blicke und Hiebe mit der Peitsche (S. 91), bis der Herr zu zucken beginnt und schließlich tanzt. Nach und nach tanzen einzelne Personen auf der Bühne und im Saal, bis alle von Emotionen und der Bewegung der anderen erfasst und mitgerissen werden. Es entsteht eine Tanzorgie, ein »spätnächtliches Drunter und Drüber« und »eine trunkene Auflösung der kritischen Widerstände« (S. 87), wie der Erzähler feststellt.

■ Tanzorgie

Die Unterworfenen scheinen sich in ihrer Fremdbestimmung wohler zu fühlen als in ihrer Selbstbestimmung. Deutlich wird das am Herrn aus Rom, der nach langem heftigem Widerstand aufgibt, zu tanzen beginnt und dabei lächelt. »Es war eine Art von Trost, zu sehen, daß ihm offenbar wohler war jetzt als zur Zeit seines Stolzes ...«, kommentiert der Erzähler (S. 92). Die Selbstaufgabe und das Aufgehen in einer überindividuellen Einheit, der Gemeinschaft aller, lösen Glücksgefühle aus.

■ Das Glück der Unterwerfung

Im Tanz werden die Einzelnen vereinheitlicht und bilden eine Masse. Auf sie trifft zu, was Le Bon über die Eigenschaften der Masse geschrieben hat (siehe Abschnitt »Zeitgeschichtlicher Kontext« in Kapitel 6): Ihr Wille und ihre kritische Denkkraft (Intellekt) schwinden, sie lassen sich von den Gefühlen und

■ Das Publikum als Masse

Handlungen anderer anstecken und leben unge-
hemmt ihre Triebe aus. Gelenkt von einem fremden
Willen verliert der Einzelne seine Individualität und
geht in der Masse auf. Der Steptanz unterstützt die
Massenbildung. Er gehörte damals zu den neuen aus
Amerika importierten Massentänzen, die antibürgerlich waren und leicht nachgeahmt werden konnten
(siehe Kapitel 9).

Cipolla beherrscht die Kunst des Schauspielens und
der Selbstdarstellung, um das Publikum in seinen
Bann zu ziehen. Mit seinen Posen, nämlich Warten,
Schweigen, Blicken, An-die-Rampe-Treten und Sich-
wieder-in-den-Bühnenraum-Zurückziehen, rituali-
siert er seinen Auftritt und benutzt die Bühne für das
Drama des Außergewöhnlichen. Seine dramaturgi-
schen Mittel der Steigerung seiner Künste erzeugen
einen Zauber, der die zugrundeliegende Machtbeziehung überblendet. Mit seinen Illusionstricks, seiner
Reitpeitsche und Dramaturgie veranstaltet Cipolla
eine Theater-Show, die das Publikum fasziniert und
im schönen Schein ihres Spiels die hypnotische Gewalt, die er ausübt, verbirgt. Er inszeniert das Böse
(Willensbrechung, Machtbeziehung, Betrug, Beschä-
digung des Individuums) als schöne Kunst der Verzauberung und überschreitet in seinem Doppelspiel
die Grenzen der Kunst, der Artistik und des Theaters.

■ Kunst und
Herrschaft

In Cipollas Dramaturgie der Aufführung, seinen
hypnotischen Kunststücken, seinen Theatereffekten
und der Scheinwirklichkeit, die er produziert, besteht
eine Parallele zur Ästhetisierung des politischen Le-

bens im Faschismus und zur Strategie politischer
Führer, ihre Politik zu verschönern. In seinem Charisma und seiner Fähigkeit, Massen emotional zu binden, ähnelt Cipolla faschistischen Führern wie Mussolini, der die Sehnsucht, die eigene Individualität
aufzugeben und zu einem Volk, einer Nation, zu ver-
schmelzen, bediente. Auch Cipolla umgibt das Geheimnis eines charismatischen Führers, weil seine
Mittel der Hypnose und Suggestion undurchsichtig
sind und sich der rationalen Deutung entziehen.
Selbst der Erzähler, der das trügerische Spiel Cipollas
durchschaut, kann nicht erklären, worauf seine Wirkung und Macht beruhen (S. 91), und lenkt in seiner
intellektuellen Ohnmacht den Blick auf das, was
grundlegend für das Charisma ist: das Rätselhafte,
das Bewunderung und Schrecken auslöst (*fascinosum
et tremendum*) und die Differenz zwischen Führer
und Anhängerschaft aufrechterhält.

Bezüge zum Faschismus

Mario und seine Tat

Höhepunkt des Abends bildet die Verführung Marios.
Sie folgt einer Dramaturgie, die sich grundlegend von
den vorhergehenden Zauberkunststücken Cipollas
unterscheidet. Innerhalb der Novelle leitet sie die
Wende ein, die in die Katastrophe führt. Die szenische
Darstellung, in der nur Cipolla und Mario im Gespräch
gezeigt werden ohne erzählerische Einmischung, erzeugt eine unmittelbare Nähe. Der Zauberer setzt seine Überredungskunst, seinen Blick und seine Gestik

ein, um Mario in seinen Bann zu ziehen, ändert aber seine Tonlage. Er provoziert und verspottet ihn nicht, sondern dringt sanft und einfühlsam in ihn ein, bis er ihn am Ende vollständig in seiner Macht hat.

Dialog

Cipolla lockt Mario mit seinem Zeigefinger auf die Bühne und nahe an sich heran. Er mustert ihn »lässig, herrscherlich und heiter von oben bis unten« (S. 97) und eröffnet dann den Dialog. Er schmeichelt Mario, indem er dessen »vortreffliche[] Eigenschaften« herausstellt und seinen Vornamen mit der ruhmreichen römischen Geschichte in Verbindung bringt (S. 98). Er lobt das schicke Halstuch und spielt auf mögliche Erfolge bei den Mädchen an, begleitet vom höhnischen Lachen Giovanottos.

Die Zweisamkeit

Darauf versucht Cipolla eine vertraute Zweisamkeit zwischen sich und Mario herzustellen, indem er von der Anrede *Mario* zu *du und ich* übergeht (S. 99). Als er erfährt, dass Mario als Kellner in einem Café arbeitet, spielt er auf den Mundschenk und Geliebten des Zeus an (»ein Schenke, ein Ganymed«, S. 99) und gibt damit dem Gespräch einen homoerotischen Beiklang.

Gefühle

Danach tastet Cipolla sich in Marios Gefühlsleben vor und behauptet, Mario habe Liebeskummer. Als Mario den Kopf schüttelt, erklingt erneut das Lachen des Giovanotto (S. 101). Cipolla ergreift Marios Hand. Die Berührung macht das Zwiegespräch noch intimer.

Funktion des Giovanotto

Das Lachen des Giovanotto stört Cipollas Taktik, Mario durch Konzentration und Abschottung nach außen in seinen Bann zu ziehen, und gefährdet die

Scheinrealität, die Cipolla aufzubauen versucht. Aber Giovanotto liefert dem Zauberer wichtige Informationen. Sein höhnisches Lachen signalisiert, dass Mario keinen Erfolg bei Frauen hat und unglücklich verliebt ist. Damit gibt er Cipolla einen Schlüssel zum Inneren Marios in die Hand und verrät am Ende noch den Namen des geliebten Mädchens: Silvestra.

Mit der Kenntnis des Namens ändert sich die Situation und Cipollas taktisches Verhalten. Er ruft in Mario das Bild der Geliebten hervor, indem er ihren Gang, ihren Atem, ihr Lachen, ihre Arme beim Waschen, den zurückgeworfenen Kopf und das Haar, das sie aus der Stirn schüttelt, beschreibt (S. 102). Er verlebendigt Silvestra und bringt sie Mario körperlich und geistig so nahe, dass dieser glaubt, sie vor sich zu haben. Mario steht ganz im Bann des Zauberers, hat das Publikum vergessen und starrt ihn »mit vorgeschobenem Kopfe« (S. 102) an. ■ Silvestra

Cipolla dringt weiter in das Innere von Mario vor und flüstert ihm ein: »denken wir nur an Silvestra« (S. 103). Er wechselt vom *Du* zum *Wir*, das ihn und Mario als eine Einheit umfasst. Er redet Mario ein, dass Silvestra nicht irgendeinem »krähenden Hahn« ihm gegenüber den Vorzug geben würde: »das ist unmöglich, wir wissen es besser, der Cipolla und sie« (S. 103). Das zweite Wir umfasst jetzt allerdings Cipolla und Silvestra. ■ Das Wir

Cipolla hat seine Position zu Silvestra verschoben und nimmt jetzt ihre Perspektive ein: »Wenn ich mich an ihre Stelle versetze«, würde ich niemals einem Fi- ■ Perspektivenwechsel scher den Vorzug geben vor ihm, dem »Ritter der Serviette« (S. 103 f.). Bis hierhin benutzt Cipolla den Konjunktiv und spielt nur die Möglichkeit durch, was er täte, wenn er Silvestra wäre. Aber dann wechselt er mitten im Satz in den Indikativ und spricht als deren Ich:

> »[...] so weiß ich wohl, wem ich es [das Herz] schenken soll, wem ganz allein ich es längst schon errötend geschenkt habe.« (S. 104)

Cipolla verwandelt sich in Silvestra und spielt das schamhafte Mädchen, das kokett um einen Mann wirbt. Der Erzähler empfindet diese Szene mit dem verkrüppelten Mann in der Rolle der selbstgefälligen Frau als abstoßend und grotesk:

> »Es war greulich, wie der Betrüger sich lieblich machte, die schiefen Schultern kokett verdrehte, die Beutelaugen schmachten ließ und in süßlichem Lächeln seine splittrigen Zähne zeigte.« (S. 104)

Identitätstausch

Cipolla tauscht nicht nur seine Identität gegen die von Silvestra ein, sondern auch das männliche Geschlecht gegen das weibliche. Auf Cipollas Frage, wer er sei, haucht Mario »Silvestra!« (S. 105). Der Identitätswechsel ist gelungen und Mario glaubt tatsächlich, Silvestra vor sich zu haben. In seiner Vorstellung wird das ersehnte Liebesglück zu einem realen Erlebnis. Die Illusion ist perfekt und hat die Wirklichkeit ersetzt.

Doch Cipolla geht noch einen Schritt weiter und fordert Mario auf, ihn zu küssen (S. 105). Mit dem Kuss erfolgt symbolisch eine körperliche Vereinigung von Mario und dem Zauberer. Im Glauben, es sei Silvestra, küsst Mario nicht die Frau, sondern den Mann. Durch Rollen- und Geschlechtertausch findet ein doppelter Betrug statt. Der Erzähler kommentiert die Szene folgendermaßen:

■ Herrschaft über Mario

> »Ach, aber was war während seiner verblendenden Worte aus unserem Mario geworden? [...] das war eine Preisgabe des Innigsten, die öffentliche Ausstellung verzagter und wahnhaft beseligter Leidenschaft.« (S. 104)

Mario lebt in einer Fiktion, doch erlebt er sie als real und offenbart seine innersten Sehnsüchte vor aller Augen. Hatte Cipolla zuvor Personen in einzelnen Handlungen manipuliert, zielt er jetzt auf die ganze Existenz und ergreift Besitz von ihr.

Cipolla nutzt die seelische Notlage (vergebliche Liebe) Marios aus, um ihn an sich zu binden und ihm ein trügerisches Glück vorzugaukeln. Er, der körperlich und sozial Benachteiligte, missbraucht Mario dabei seinerseits als Liebesobjekt und Ersatz für verdrängte Sexualität und verwehrtes Liebesleben und stellt sein eigenes Begehren öffentlich zur Schau. Das »abscheuliche[] Fleisch« Cipollas schiebt sich Marios »Zärtlichkeit« regelrecht unter (S. 105). Indem er, der charismatische Herrscher des Abends sein Inneres

■ Der Missbrauch

71

preisgibt, seinen Wunsch, geliebt und begehrt zu werden, zeigt er sich schwach und verliert seine Macht.

■ Marios Tat
Nachdem Mario durch einen Peitschenhieb aus seinem Zustand erlöst ist, erschießt er Cipolla mit zwei Pistolenschüssen, so dass nur ein »Bündel Kleider und schiefer Knochen« (S. 107) von ihm bleibt. Mit dem Tod Cipollas stürzt sich das Publikum, noch immer geblendet vom Zauberer, auf Mario und überwältigt ihn.

Deutung des Schlusses

Der Schluss der Novelle wirft mehrere Fragen auf, die zu kontroversen Interpretationen der Novelle geführt haben: Warum tötet Mario den Zauberer? Woran scheitert Cipolla? Was führt zum Zusammenbruch seiner Herrschaft?

Als Mario erkennt, dass er betrogen wurde und das erlebte Liebesglück nicht real ist, entlarvt sich der schöne Schein von Cipollas Zauberkunst als trügerisches Spiel und sein Charisma zerfällt. Mario verfällt wie die anderen Zuschauer der Hypnose, aber er ist der Einzige, der die öffentliche Zurschaustellung als demütigend und entwürdigend erlebt. Psychologisch gesehen begeht er seine Mordtat, weil er sich tief verletzt fühlt und für die öffentliche Preisgabe seines Innenlebens und die hypnotische Gewalt, die ihm angetan wurde, rächen will, um seine Selbstachtung und Würde wiederherzustellen. In dieser Perspektive

handelt es sich um eine private Tat mit einem persönlichen Motiv und nicht um eine politisch motivierte
Tat. Berücksichtigt man jedoch den Gesamtzusammenhang der Novelle und das, wofür Cipolla steht,
dann geht Marios Tat über das persönliche Motiv hinaus, da sie eine zutiefst inhumane Form von Herrschaft und Gewaltbeziehung beendet.

■ Marios
Motive

Cipollas Scheitern

Cipolla hat mit Marios Missbrauch eine Grenze über-
schritten, die bislang seine Herrschaft gesichert hat. Je
nach Blickwinkel lassen sich für sein Scheitern psy-
chologische, politische und künstlerische Gründe an-
führen.

In der Sekundärliteratur wird die These vertreten,
dass die Liebe zu Silvestra Mario die Kraft gibt, sich zu
wehren und im übertragenen Sinne dem Faschismus
Widerstand zu leisten.[18] Während das Publikum den
Zauberer zum Objekt seiner Identifikation und Wünsche mache, sei diese Position bei Mario durch Silvestra besetzt, so dass er sich wehren und seine Privat-
sphäre schützen könne. Eine solche psychoanalytisch

■ Psycholo-
gische
Gründe

18 Dirk Jürgens, *Thomas Mann. »Tonio Kröger« / »Mario und
der Zauberer«*, München 2013, S. 62; Regine Zeller, *Cipolla
und die Masse. Zu Thomas Manns Novelle »Mario und der
Zauberer«*, St. Ingbert 2006, S. 80 f., 113; Hartmut Böhme,
»Thomas Mann: *Mario und der Zauberer*. Position des
Erzählers und Psychologie der Herrschaft«, in: *Stationen
der Thomas-Mann-Forschung. Aufsätze seit 1970*, hrsg.
von Hermann Kurzke, Würzburg 1985, S. 179.

fundierte Deutung, die in der individuellen Liebesbindung eine Gegenkraft zum Faschismus und seiner
Massenbildung sieht, verkennt jedoch die soziale Dynamik faschistischer Bewegungen und die tieferlie-
genden wirtschaftlichen, ideologischen und politischen Hintergründe, die zum Entstehen des Faschismus und seiner Massenbasis geführt haben (siehe
Abschnitt »Zeitgeschichtlicher Kontext« in Kapitel 6).

■ Politische
Gründe

Da Cipolla eine Herrschaftsform, die sich zum realen Faschismus in Beziehung setzen lässt, praktiziert,
weist sein Tod über den Text und das subjektive Tat-
motiv Marios hinaus. In seinem Herrschaftsanspruch
und seiner hypnotischen Gewalt, mit der er sich das
Publikum unterwirft, steht Cipolla für ein System,
das die Werte der Aufklärung, der Selbstbestimmung
des Menschen und der Humanität ablehnt, das Indivi-
duum radikal infrage stellt und es der Gemeinschaft
eines Volkes bzw. einer Nation unterordnet. Cipollas
Herrschaft bricht in dem Moment zusammen, als sie
totalitäre Züge annimmt und er nach dem Individu-
um in seiner ganzen Existenz greift. Er scheitert am
Widerstand des Individuums, das seine soziale Identität und private Existenz verteidigt.

Aber Cipolla scheitert auch an sich selbst. Die Verführung Marios ist der Moment der Selbstoffenba-
rung seines Liebesbegehrens, das er als der vielfach
Stigmatisierte nicht im wirklichen Leben realisieren
kann, sondern nur in der Blendung, im Trugspiel seines Zaubers. Der charismatische Herrscher offenbart
seine Machtlosigkeit und verliert dadurch.

Als Bühnenkünstler hat Cipolla eine Regel des Theaters verletzt. Alle Beteiligten im Theater wissen, dass das Spiel auf der Bühne ein Spiel ist und keine Realität, aber sie tun so, als ob das Spiel real wäre. Die Grenze von Spiel und Wirklichkeit bleibt durchsichtig. In der Mario-Szene löst Cipolla diese Grenze auf und verwandelt das Spiel in Realität. Aus dem Spiel wird Ernst, das Play ist nicht mehr Play, sondern bringt die Dämonie und das Böse hervor. Es gibt seinen wahren Charakter zu erkennen: den faktischen Betrug, die Täuschung, den Missbrauch und die Gewalt über andere. Der Andere ist nicht mehr der Andere, sondern Spielball der Macht, der Herrschaftstriebe und des Liebesbegehrens des Zauberers.

■ Künstlerische Gründe

Frühe politisch orientierte Deutungen der Novelle haben in Cipolla einen faschistischen Führer gesehen.[19] Trotz mancher Parallelen, auf die oben hingewiesen wurde (siehe Abschnitt »Der Zauberkünstler« in Kapitel 6), besteht eine Differenz zwischen einem realen faschistischen Führer wie Mussolini oder Hitler und einer literarischen Figur, zwischen politischem System und Fiktion. Erzählerische, sprachliche und novellistische Mittel werden eingesetzt, um das Handlungsgeschehen und die Figuren zu erzeugen und eine eigene fiktive Welt zu schaffen, die nicht mit

---

19 Georg Lukács, *Thomas Mann*, Berlin 1953, S. 33; Inge Diersen, *Untersuchungen zu Thomas Mann. Die Bedeutung der Künstlerdarstellung für die Entwicklung des Realismus in seinem erzählerischen Werk*, Berlin ³1960, S. 170; Koopmann (s. Anm. 6), S. 172.

■ Eine schillernde Figur

der realen Welt gleichzusetzen ist. Cipolla ist eine schillernde, mehrdeutige Figur, die als Künstler und charismatischer Herrscher agiert und an verschiedene literarische, ästhetische, politische, kulturgeschichtliche und soziale Kontexte anschließbar ist und sich einer eindeutigen Festlegung auf den Typus eines faschistischen Führers widersetzt. Die Figur Cipollas schließt an:

- literarisch an den Typus des Buckligen, der aufgrund seiner körperlichen Missbildung im Leben benachteiligt ist und mit dem Buckel das Zeichen des Verfalls und des Todes trägt;
- ästhetisch an die Figur des Künstlers, der als dekadent markiert ist durch: den Buckel, schlaffe Säcke unter den Augen (S. 40), gelbliche Hände (S. 40), lange, gelbe Finger (S. 85), schadhaft abgenutzte Zähne (S. 41), körperliche Erschöpfung;
- literarisch an den Typus des bösen Magnetiseurs;
- künstlerisch an die Tradition des Halbweltkünstlers, des zwielichtigen Scharlatans, Illusionisten und Wanderdarstellers, der in einer heruntergekommenen Bretterbude seine Künste vorführt;
- zeitgeschichtlich an populäre Phänomene des Okkulten und Magischen nach 1900, auf die der Erzähler mehrfach anspielt (»dunkle[s] Spiel[]«, S. 70);
- politisch an faschistische, charismatische Herrscherfiguren;
- kulturgeschichtlich an das Phänomen des Charismas;

- sozial an die Figur des Stigmatisierten, des Rand-
  ständigen und unbürgerlichen Außenseiters, der
  nicht dazugehört;
- gesellschaftlich an eine Praxis, in der Stigmatisierte
  ihre eigenen Stigma-Merkmale (Buckel, Leben als
  Wanderkünstler, unbürgerliche Existenz) in das
  Charisma eines Herrschers umdeuten.

Der Erzähler

Alle Geschehnisse in der Novelle werden aus der Sicht
des Erzählers beschrieben und kommentiert. Seine
Perspektive, seine Rolle, sein Selbstverständnis und
seine Motivation, die Geschichte zu erzählen, sollen
abschließend in die Interpretation einbezogen werden.

Der Erzähler beobachtet sehr genau die Vorgänge
und Verhaltensweisen von Feriengästen in dem italienischen Badeort. Doch der Erzähler ist kein neutraler
Beobachter, sondern er bewertet alles, was er sieht   ■ Negative
und erlebt. Die Atmosphäre empfindet er als unange-   Wertungen
nehm und merkwürdig. Der Badeort ist zu voll und
zu laut, das Hotel unerfreulich, die Sonne unerbittlich
und die Hitze erdrückend. Der Erzähler hält sich mit
negativen Wertungen und Gefühlen nicht zurück,
positiv beurteilt er nur Signora Angiolieri und ihre
Pension (S. 17 f.). Seine Wertungen spiegeln nicht
nur seine Empfindungen, sondern auch sein soziales
Selbstverständnis. Er stellt sich über die einheimischen Badegäste, die er für mittelmäßig und unkulti-
viert hält (»bürgerliche[s] Kroppzeug«, S. 22).

Die erzählerische Abwertung des Wetters, der »Schreckensherrschaft der Sonne« (S. 20), enthält kulturelle Wertungen, die unvereinbar sind mit der Hochschätzung des Südens in diesem Kulturraum und insbesondere in der Weimarer Klassik, in der Italien Sehnsuchtsland und Reiseziel der Gebildeten war. Um diese Wertschätzung weiß der Erzähler wiederum auch und bringt den Süden mit dem »Klima erblühender Menschheitskultur«, der klassischen Antike und in Anspielung auf Schillers Elegie *Der Spaziergang* mit der »Sonne Homers« (S. 20) in Verbindung (siehe Kapitel 9). Doch entwertet er diese Tradition, wenn er das klassische Wetter stumpfsinnig findet und das grelle Licht des Südens mit Oberflächlichkeit assoziiert, die die tieferen »Bedürfnisse der nordischen Seele« (S. 21) unbefriedigt lasse. Der Erzähler sieht sich selbst als gebildeten Nordeuropäer und grenzt sich vom Süden ab. Das gegenwärtige Italien ist von der Kultur der klassischen Antike weit entfernt und durch Mittelmäßigkeit, Oberflächlichkeit und Kulturverlust gekennzeichnet. Selbst die Natur ist von den Autos, die die Lorbeer- und Oleanderbüsche mit Staub bedecken, beschädigt (S. 12 f.).

■ Kultur-
verlust

■ Norden –
Süden

Der Gegensatz von Norden und Süden taucht wiederholt im Werk von Thomas Mann auf. Der Süden steht für Kunst, Künstlertum und Sinnlichkeit, der Norden für Leben, Bürgertum und Rationalität. Eine Figur wie Tonio Kröger fühlt sich zwischen diesen Polen zerrissen und sucht nach ihrer Identität. In *Mario und der Zauberer* wird dieses kulturelle Schema

mit der Gegenüberstellung Europa und Afrika verknüpft. Die Hitze ist afrikanisch (S. 20), die Haartracht des Giovanotto afrikanisch und nubisch (S. 43,
55) und Marios Gesichtszüge mit der eingedrückten
Nase und schwülstigen Lippen werden als ›negroid‹
beschrieben (S. 95). Afrika ist nicht nur der fremde
Kulturraum, sondern auch der Raum, in dem Italien
seit Ende des 19. Jahrhunderts Kolonien besaß. Der
Erzähler verwendet zeittypische kulturelle Stereotype, die problematisch sind, weil sie aus einer eurozen-
trischen Perspektive heraus die fremde Kultur ab-
werten. Er zeigt in seinem sozialen und kulturellen
Selbstverständnis ein weiteres Mal charakterliche Züge, die ihn fragwürdig machen.

Diese Fragwürdigkeit kennzeichnet auch sein Verhalten auf der Handlungsebene. Als Vater und Tourist ■ Handlungs-
protestiert er nicht gegen die ungerechte Behandlung figur
im Hotel und am Strand und statt in die Abläufe ein-
zugreifen, beobachtet er an sich nur ein »irritiertes
Nachdenken« (S. 19). Er bleibt in einer reflektierenden
Haltung, statt zu handeln.

Auf der Abendveranstaltung ist der Erzähler zwar
nicht in die Vorführungen des Zauberers einbezogen
und tritt in keine direkte Interaktion mit Cipolla, aber
er ist innerlich nicht unbeteiligt. Zu Anfang hat er
eine Distanz zu Cipolla und spottet über dessen ■ Perspektive
Auftreten und altmodische »Abendstraßeneleganz« auf Cipolla
(S. 39). Er findet ihn körperlich abstoßend, betont immer wieder seine hässlichen Gesichtszüge (S. 41, 50,
54, 104) und brandmarkt ihn als »Krüppel[]« (S. 40)

oder als der »Bucklige« (S. 64). Nach den ersten Kunststücken ändert sich jedoch die erzählerische Tonlage
und er nennt Cipolla einen »Künstler« (S. 46). Mit Beginn der Pause bezeichnet er ihn fast unterwürfig als
»unser Gebieter« (S. 76) und später als »unser Bändi-
ger« (S. 84), »Meister« (S. 88, 92) und »Herr des
Abends« (S. 93). Doch seine gehobene Sprache hat einen ironischen Unterton und signalisiert seine zwie-
spältige Haltung gegenüber dem Zauberer, die zwischen Stigmatisierung und Erhöhung, zwischen Ablehnung und Anerkennung schwankt.

Der Erzähler verfolgt aufmerksam Cipollas Vorführungen und erkennt das Doppelspiel, das dieser be-
treibt:

■ Moralisches
Entsetzen

> »Und doch war klar, daß dieser Bucklige nicht zau-
> berte, wenigstens nicht im Sinne der Geschicklich-
> keit, und daß dies gar nichts für Kinder war.« (S. 64)

Für ihn ist Cipolla ein Betrüger, »Hauptakteur des
dunklen Spieles« (S. 70) und der »stärkste Hypnotiseur« (S. 80), der ihm in seinem Leben vorgekommen
ist. Er durchschaut Cipollas Absicht, andere beherrschen zu wollen, und seine Tricks, um Mitspieler zu
manipulieren (S. 65). Auch hat er ihn im Verdacht, sich
vorher Informationen über die Bekanntschaft von
Signora Angiolieri mit der Duse beschafft zu haben
(S. 75), um sich einzuschmeicheln und sie zu einem ge-
fügigen Werkzeug zu machen (S. 85). Der Erzähler entlarvt und entzaubert Cipolla, spürt die Unmenschlich-

keit in dessen hypnotischen Künsten und kann sich dennoch nicht seiner Wirkungskraft entziehen.

Selbstkritisch fragt sich der Erzähler, warum sie trotz der negativen Erfahrungen nicht aus Torre abgereist und auf der Abendveranstaltung geblieben seien, statt zu gehen (S. 29 f., 76, 78). Als Vater hat er wegen seiner Kinder, die Cipollas Vorführungen für ein unterhaltsames Spiel halten, ein schlechtes Gewissen und weiß, dass es besser wäre, zu gehen und der Zurschaustellung von Macht, hypnotischer Gewalt und Bösartigkeit nicht länger zuzusehen. Seine Unschlüssigkeit zwischen Gehen und Bleiben erreicht in der Pause ihren Höhepunkt (S. 78). Wider sein besseres Wissen und seine Vernunft bleibt er. Erklären kann sich der Erzähler sein Verhalten nicht:

■ Bleiben – Gehen

> »Unfehlbar werden Sie mich fragen, warum wir nicht endlich weggegangen seien, – und ich muß Ihnen die Antwort schuldig bleiben. Ich verstehe es nicht und weiß mich tatsächlich nicht zu verantworten.« (S. 76)

Seine Skrupel und Schuldgefühle entwickelt der Erzähler im Dialog mit dem Leser, vor dem er sich rechtfertigt (siehe Kapitel 4). Er sucht Verständnis und Zustimmung beim Leser und führt mehrere Gründe für sein Bleiben an:

■ Rechtfertigungen

- Trägheit (S. 29);
- das Ideal, bei Problemen nicht gleich aufzugeben:

»Soll man ›abreisen‹, wenn das Leben sich ein biß-
chen unheimlich […] anläßt?« (S. 30);

- den Drang, nicht das Feld räumen zu wollen (S. 30),
  nicht klein beizugeben;
- die Kinder, die ihre naive Freude am Spiel haben
  und bleiben möchten (S. 76, 93);
- die Neugier auf weitere spannende Künste (S. 78);
- die »Faszination, die von diesem auf so sonderbare
  Weise sein Brot verdienenden Manne […] ausging«
  und seinen Entschluss zu gehen, lähmte (S. 77 f.);
- eine gewisse Ansteckung durch die allgemeine
  Fahrlässigkeit‹, »von der zu dieser Nachtstunde
  auch wir ergriffen waren« (S. 93).

Der Erzähler ist hin- und hergerissen zwischen seiner
Kritik an Cipolla, der Sorge um die Kinder, der moralischen Verpflichtung zu gehen und der Unfähigkeit,
sich loszureißen.

Während der Titel der Novelle Cipolla und Mario als
Schlüsselfiguren hervorhebt, wird nun der Erzähler
zum Gegenspieler Cipollas. Er unterscheidet sich in
seinen moralischen Werten, seiner Weltanschauung,
Bildung und sozialen Stellung grundlegend von Cipolla und bringt die intellektuellen Möglichkeiten mit, um
dessen Machtwillen und trügerisches Spiel zu erkennen. Während der Erzähler als bürgerlicher Intellektueller in der Tradition der Aufklärung, der Vernunft, der
Humanität und des Liberalismus mit seinem Kernkon-
zept des Individuums steht, verkörpert Cipolla eine
inhumane Herrschaftspraxis, die die Werte der Auf-

■ Erzähler –
Cipolla

klärung und den Anspruch des Individuums auf Mündigkeit und Selbstbestimmung unterhöhlt. Sein Herrschaftsanspruch nimmt dem Einzelnen seine Individualität und macht ihn zu einem Teil einer Masse. Aber der Erzähler kann seine Reflexionen und Erkenntnisse nicht in Handeln umsetzen und seine Intellektualität, seine Ethik und seine Werte der Aufklärung am Ende nicht gegen Cipolla behaupten.

Trotz seiner kritischen Reflexion schwindet die emotionale Distanz des Erzählers und er wird von diesem dämonischen und undurchsichtigen Zauberer angezogen. Cipolla gewinnt Macht über den Erzähler, der sich ihm sogar ideologisch angleicht, wenn er dessen Theorie über die Leere des Willens (S. 67) aufgreift, um zu erklären, warum der Widerstand des Herrn aus Rom zusammenbricht (S. 91). Danach reiche es nicht aus, etwas nicht zu wollen, um seinen eigenen Willen zu behaupten, sondern man brauche Inhalte, auf die der eigene Wille gerichtet sei. Fraglich ist, warum der Erzähler selbst nicht seine Inhalte, für die er steht, gegenüber Cipolla behaupten kann und ihm widersteht.

■ Machtverschiebung

Nach der Pause gerät der Erzähler zunehmend in den Bann des Zauberers (S. 77, 93). In ihm spiegelt sich, was oben (siehe Abschnitt »Zeitgeschichtlicher Kontext« in Kapitel 6) von der widersprüchlichen Wirkung eines charismatischen Führers gesagt wurde: Das Charisma ist ein Geheimnis, das fasziniert und erschreckt, das rätselhaft und nicht deutbar ist. Der Erzähler spürt die unmenschliche Form von Ci-

■ Faszination des Erzählers

pollas Herrschaft, lehnt sie ab und ist doch angezogen, ohne erklären zu können, warum der Zauberer eine solche Wirkung hat und was das Geheimnis seiner unerhörten Verführungen ist (S. 91). Weder Bildung, Wissen noch Erkenntnis verhindern, dass der Erzähler von einer gefährlichen Herrscherfigur fasziniert ist.

In der Literaturwissenschaft wurde das passive Verhalten des Erzählers gegenüber dem Adel und dem prüden Strandpublikum und seine Faszination von Cipolla sehr kritisch beurteilt und ihm als Willensschwäche, soziales Versagen und Mangel an kritischer Haltung und Souveränität vorgeworfen.[20] In politischer Perspektive stehe er für das Scheitern des gebildeten Bürgertums vor dem Faschismus.[21] Doch um dem Erzähler und seiner Funktion innerhalb der Novelle gerecht zu werden, sind die erzählerische Form und die Zweiteilung von erzählendem und erzähltem Ich, von Handlungsfigur und späterem Ich, das schreibend auf seine früheren Erlebnisse in Torre zurückblickt, in die Deutung einzubeziehen.

Der Erzähler thematisiert selbst die Schwäche seines erzählten Ich, das handlungsunfähig ist, sich von Cipolla emotional binden lässt, intellektuell und moralisch versagt und sich nicht einmal selbst befreien

■ Bewertungen des Erzählers

■ Das erzählende Ich

20 Böhme (s. Anm. 18), S. 173, 176; Zeller (s. Anm. 18), S. 95.
21 Sascha Kiefer, »Novellenbegriff und Zeitbezug. Bruno Franks *Politische Novelle* (1928) und Thomas Manns *Mario und der Zauberer* (1930)«, in: *Jahrbuch zur Kultur und Literatur der Weimarer Republik* 9 (2004), S. 115.

kann; denn die Lösung, das befreiende Ende, kommt von außen durch die Ermordung Cipollas.

Das erzählende Ich versucht nachträglich die Geschehnisse zu ordnen, kann sich aber nicht mehr genau an die zeitliche Reihenfolge der Kunststücke nach der Pause erinnern (S. 83). Die Fülle bedrängender Ereignisse, die ihn emotional nicht unberührt lassen, führen dazu, dass der Erzähler die Chronologie vergessen hat. Für Martin Brucke ist das Vergessen der zeitlichen Abfolge ein Zeichen, dass der Erzähler der Suggestion des Zauberers erliegt, und für Regine Zeller signalisiert es, dass er sich der Masse angleicht.[22] Doch auch diese Interpretationen erfassen nur einen Aspekt des Erzählers. Nicht die Zeit bildet den Faden für seine Erinnerung, sondern die Bedeutsamkeit der Ereignisse. Einige Vorführungen hält er für weniger wichtig, wie die Dame, die in der Illusion einer Indienreise lebt (S. 83), als andere, wie das Armeheben des Colonello und das Auffinden der Nadel bei Signora Angiolieri (S. 73). Der Erzähler sortiert, ordnet und deutet die Geschehnisse des Abends nach der zunehmenden Suggestionskraft des Zauberers, der Erniedrigung anderer und der moralischen Fragwürdigkeit. Er lässt dabei durchaus seine emotionale Verwirrung und seinen moralischen Protest erkennen.

Das Erzählen wird somit zu einem Vorgang der Selbsterkenntnis und Aufklärung. Im Erzähler spiegelt sich das Charisma als eine besondere Form von

■ Chrono-
logie

---

22 Brucke (s. Anm. 3), S. 166 f.; Zeller (s. Anm. 18), S. 95.

Herrschaft und deutet die soziale Dynamik, die unter bestimmten historischen und gesellschaftlichen Bedingungen in den Faschismus geführt hat, an. Die Novelle erzählt in dieser Perspektive die Geschichte einer bestimmten Form von charismatischer Herrschaft, die grundlegend ist für das Führerprinzip im Faschismus, und setzt den Erzähler als Medium ein, um diese Herrschaftsform, ihre Praktiken der Unterwerfung und Massenbindung und die Ästhetisierung ihrer Politik an der Figur des Zauberers transparent zu machen und am Erzähler die Rolle des bürgerlichen Intellektuellen im Faschismus zu thematisieren.

Der Erzähler als Medium

7. Autor und Werk

Kurzbiographie

Paul Thomas Mann, dessen erster Vorname nicht gebräuchlich ist, wurde am 6. Juni 1875 in Lübeck geboren. Sein Vater Thomas Johann Heinrich Mann war Inhaber einer Großhandelsfirma und wurde 1877 Senator der Freien und Hansestadt Lübeck. Seine Mutter Julia, geborene da Silva-Bruhns, kam aus einer reichen deutsch-brasilianischen Kaufmannsfamilie. Nach dem Besuch einer Privatschule ging Thomas Mann auf das Katharineum in Lübeck, einem angesehenen Gymnasium. Als Schüler war er nicht sehr erfolgreich und musste drei Klassen wiederholen. Er verließ 1894 die Schule in der Untersekunda (11. Klasse) mit einem Abgangszeugnis, das heute der Mittleren Reife entspricht.

Nach dem Tod des Vaters 1891 wurde die Firma aufgelöst. Thomas' Mutter zog mit den drei jüngsten Kindern nach München, während Thomas noch in Lübeck blieb, um die Schule zu beenden. Sein Bruder Heinrich lebte als Volontär des Fischer-Verlages in Berlin. 1894 ging Thomas ebenfalls nach München. Vorübergehend war er Volontär einer Versicherungsgesellschaft. Da er aus dem Erbe seines Vaters eine monatliche Rente bezog, war er finanziell unabhängig und ging in München keinem Beruf und keiner Ausbildung nach. Als Gasthörer besuchte er an der Universität Vorlesungen u. a. über Kunst- und Literatur-

Abb. 7: Porträt des Thomas Mann. Gemälde von Max Oppen-
heimer (1926) – © Wien Museum / brandstaetter images /
picturedes.com

geschichte und schrieb Beiträge für eine Zeitschrift, die sein Bruder Heinrich redigierte. *Der kleine Herr Friedemann* (1897) brachte seinen Durchbruch als Schriftsteller. 1898 war er kurze Zeit als Lektor der satirischen Zeitschrift *Simplicissimus* tätig.

1905 heiratete Thomas Mann die Mathematikstudentin Katia Pringsheim, Tochter aus einer reichen jüdischen Familie. Ihr Vater war Mathematikprofessor in München. Zwischen 1905 und 1910 wurden die ersten vier Kinder geboren: Erika, Klaus, Golo und Monika, später folgten noch Elisabeth (1918) und Michael (1919). Der Roman *Buddenbrooks* (1901) hatte Thomas Mann berühmt gemacht, so dass er immer wieder zu Lesungen nach Berlin, Dresden und Weimar eingeladen wurde. Seine Frau Katia musste sich mehreren Kuren unterziehen u. a. in Sils Maria und Davos (Schauplatz des Romans *Der Zauberberg*). 1914 bezogen die Manns ihr neues Haus in der Poschingerstraße 1 in München. Seine Frau unterstützte ihn in seiner Arbeit, indem sie seine Korrespondenz führte und Termine und Honorare absprach.

Aus dem liberalen Intellektuellen wurde ein deutsch-nationaler Konservativer, der im Unterschied zu seinem Bruder Heinrich den Ausbruch des Ersten Weltkrieges 1914 begrüßte. Die unterschiedlichen politischen Auffassungen zwischen den beiden Brüdern führten zu einem Zerwürfnis. Doch änderte Thomas Mann bereits in den 1920er Jahren seine politische Auffassung und befürwortete die Republik. Thomas Mann hatte frühen Kontakt zum Hypnotis-

Abb. 8: Thomas und Katja Mann mit ihren Kindern
Elisabeth und Michael auf Sylt 1926. ETH-Bibliothek Zürich,
Thomas-Mann-Archiv. Fotograf: Unbekannt/TMA_0130

mus, der zwischen 1882 und 1905 ein Modethema
war.

Am Ende der Weimarer Republik kämpfte er gegen
den Nationalsozialismus und dessen humanitäts-
feindliche Tendenzen. 1924 erschien *Der Zauberberg*.
Ab 1926 begann er die Arbeit an den Joseph-Roma-
nen, dessen letzter Band 1943 herauskam. Mit seinem
Bruder Heinrich hatte er sich inzwischen wieder ver-
söhnt. 1929 erhielt Thomas Mann den Nobelpreis für
Literatur für seinen Roman *Buddenbrooks*. Kurz danach erschien *Mario und der Zauberer* (1930).

Als seine Verhaftung durch die Nationalsozialisten
drohte, gingen Thomas, Katia, Erika und Klaus 1933
ins Exil in die Schweiz. Die Villa in München wurde
beschlagnahmt. 1936 wurde Thomas Mann ausge-
bürgert. Um nicht staatenlos zu sein, hatte er die
tschechoslowakische Staatsbürgerschaft erworben.

Seine Bücher durften in Deutschland nicht mehr verkauft werden. Nach einem kurzen Exil in Südfrankreich kehrte Thomas Mann in die Schweiz zurück und blieb dort bis zu seiner Übersiedlung nach Princeton / New Jersey 1938. Dort hielt er an der Universität Vorlesungen. Er ging 1940 nach Kalifornien, wo sich bereits eine deutsche Emigrantenkolonie gegründet hatte, und bezog 1942 eine Villa in Pacific Palisades / Los Angeles. Die Villa wurde als Thomas-Mann-Haus im Juni 2018 als eine Stätte für kulturellen und gesellschaftlichen Austausch eröffnet.

Mit seinen Rundfunkansprachen »Deutsche Hörer!« (1940–45) wandte sich Thomas Mann entschieden gegen den Nationalsozialismus und Hitler. Er erhielt viele Ehrungen und besaß ein hohes Ansehen in den USA. Finanziell war er durch seine Einkünfte aus Veröffentlichungen, Reden und dem Nobelpreis unabhängig. 1944 erhielt er die amerikanische Staatsbürgerschaft. Sein Roman *Doktor Faustus* entstand zwischen 1943 und 1947.

In den 1950er Jahren begann in den USA die McCarthy-Ära, in der Kommunisten und Sympathisanten der Sowjetunion verfolgt und denunziert wurden und viele Autoren und Schauspieler Berufsverbot erhielten. Auch Thomas Mann geriet wegen russlandfreundlicher Kommentare und Reisen in die DDR in Verdacht und wurde vom FBI und dem OSS (Office of Strategic Services), dem späteren Auslandsgeheimdienst CIA, beschattet. Sein Vertrauen in die amerikanische Demokratie war erschüttert und er kehrte 1952 nach Zürich zurück. Hier setzte er seinen in den 1910er Jahren begonnenen Hochstapler-Roman *Felix Krull* fort. Nach einer kurzen Krankheit starb Thomas Mann am 12. August 1955 in Zürich.

■ Thomas Mann in Italien

Vor dem Ersten Weltkrieg hat Thomas Mann mehrfach Italien besucht und teilweise mit seinem Bruder Heinrich längere Zeit dort verbracht. Während seines zweiten Italienaufenthaltes begann er 1897 mit der Arbeit am Roman *Buddenbrooks*. Nach dem Ersten Weltkrieg war der Badeaufenthalt in Forte dei Marmi der fünfte Aufenthalt Thomas Manns in Italien[23], so dass er die politischen Veränderungen und den Aufstieg Mussolinis beobachten konnte. Erst 1930 kam er kurz wieder nach Italien, um von Genua aus seine Mittelmeerreise nach Ägypten und Palästina anzutreten. Im Sommer 1934 besuchte Thomas Mann erneut Italien, um am »Internationalen Kunst-Kongress« in Venedig teilzunehmen.

Werkübersicht

Thomas Mann hat nicht nur Romane, Novellen, Erzählungen und ein Drama *Fiorenza* (uraufgeführt 1907) geschrieben, sondern auch Tagebücher, Essays und Reden. Seine frühen Gedichte hat er aufgrund ihrer mangelnden Qualität selbst vernichtet.

23 Ilsedore B. Jonas, *Thomas Mann und Italien*, Heidelberg 1969, S. 20 f.

Essays

In seinem essayistischen Werk befasst sich Thomas Mann mit Fragen der Politik, Kultur, Kunst, Literatur und Philosophie.

- 1918 *Betrachtungen eines Unpolitischen.* Dieser umfangreiche Essay dokumentiert Thomas Manns Auseinandersetzung mit der Zeitgeschichte. Er verteidigte den Ersten Weltkrieg und wandte sich gegen westliche Demokratien, die er für kulturfeindlich hielt. Für seine konservative und antidemokratische Haltung wurde Thomas Mann viel kritisiert. In den 1920er Jahren änderte er jedoch seine politische Meinung und setzte sich für die republikanische Staatsverfassung und Demokratie ein.

Für die Einordnung der Novelle *Mario und der Zauberer* in einen politischen Kontext sind zwei Essays und eine Rede hervorzuheben:

- 1929 *Die Stellung Freuds in der modernen Geistesgeschichte.* In diesem Text befasst sich Thomas Mann mit der Psychoanalyse Sigmund Freuds. Er warnt vor der Intellektuellenfeindlichkeit, dem Irrationalen und Vernunftwidrigen seiner Zeit und setzt sich für Humanität und Aufklärung ein.
- 1930 *Deutsche Ansprache. Ein Appell an die Vernunft.* Diese Rede war eine Reaktion auf den hohen Wahlerfolg der Nationalsozialisten am 14. Sep-

tember 1930 und ein Appell an das Bürgertum, sich gegen die Nationalsozialisten zu stellen.

- **1939 *Bruder Hitler.*** In diesem Essay charakterisiert Thomas Mann Hitler als einen gescheiterten Künstler und Dauer-Asylanten, dessen Aufstieg in der Politik eine Vergeltung des sozial Ausgegrenzten und Zu-kurz-Gekommenen ist. Von dessen charismatischer Erscheinung fühlte er sich angezogen und zugleich abgestoßen.

Romane

- **1901 *Buddenbrooks. Verfall einer Familie.*** Der Roman schildert an vier Generationen den Niedergang einer Lübecker Kaufmannsfamilie. Leichtlebigkeit, Verschuldung, gescheiterte Ehen, Betrug und Krankheit bestimmen das Leben der vier Kinder des Konsuls Johann Buddenbrook. Mit dem Tod des kränklichen, lebensuntüchtigen Jungen Hanno wird die Kaufmannsfamilie ausgelöscht. Aufgrund seiner Verfallsthematik und den Motiven Krankheit, Tod, Lebensschwäche ordnet sich der Roman in die Literatur der Dekadenz ein, einer Ausprägung der frühen Moderne (1880er–1920er Jahre), die sich gegen den Naturalismus wandte und Verfallserscheinungen zum Thema machte. Der Roman wurde ein großer Erfolg und Thomas Mann erhielt 1929 den Nobelpreis für ihn.

- **1909 *Königliche Hoheit.*** Der zweite Roman von Thomas Mann ist zwar bei den Lesern beliebt, aber die Literaturkritik hat ihn zurückhaltend aufgenommen. Im Mittelpunkt steht der mit einer leichten Behinderung zur Welt gekommene Fürst Klaus-Heinrich, der für seine späteren Repräsentationsaufgaben erzogen wird, zunehmend den Bezug zum realen Leben verliert und in einer Scheinwelt von Formen und Etiketten lebt. Die Ehe mit einer amerikanischen Milliardärstochter befreit ihn aus seiner Isolation und rettet den verschuldeten Staat vor dem Bankrott.

- **1924 *Der Zauberberg*.** Erzählt wird die Geschichte von Hans Castorp, einem jungen Ingenieur aus einer Hamburger Kaufmannsfamilie, der nach Davos reist, um seinen kranken Vetter im Sanatorium zu besuchen. Die Reise bringt Castorps bisherige Welt durcheinander. Die morbide und erotisierte Atmosphäre des Sanatoriums hält ihn fest, so dass er statt drei Wochen sieben Jahre bleibt, bis er als Soldat einberufen wird und in den ersten Weltkrieg zieht. Das Sanatorium als Raum der Krankheit, des Todes und Verfalls ist auf den kultur- und zeitgeschichtlichen Zerfall bezogen.

- **1939 *Lotte in Weimar*.** Der Roman ist während der Exilzeit entstanden und beruht auf Thomas Manns Auseinandersetzung mit Goethe. Zum Handlungskern gehört die Begegnung zwischen der 63-jährigen Charlotte Kestner, geb. Buff, und dem 67 Jahre alten Goethe in Weimar im Jahr 1816. In Charlotte hatte sich Goethe einst verliebt und sie als Lotte in seinem Roman *Die Leiden des jungen*

Werther (1774) zu einer Figur gemacht. Die Wiederbegegnung zwischen Goethe und Lotte ist desillusionierend. Lotte wirft ihm vor, er habe sie als ästhetisches Material in seinem Werther-Roman verwendet.

- **1933–43 *Joseph und seine Brüder.*** Es handelt sich um einen vierbändigen Romanzyklus, der vom alttestamentlichen Bibeltext um Joseph, dem Sohn Jakobs, ausgeht. Erzählt wird die Geschichte von Joseph und seinen drei Brüdern, die ihn verraten und als Sklaven nach Ägypten verkaufen. Er steigt dort zum Hausverwalter von Potiphar, dem Großeunuchen des Pharaos, auf. Als Potiphars Frau ihn zu Unrecht des Ehebruchs bezichtigt, kommt er ins Gefängnis. Als Deuter der Träume des Pharaos steigt er wieder auf, wird zum Großwesir und rettet das Land über sieben fruchtbare und sieben dürre Jahre hinweg. Unter zeitgeschichtlichem Aspekt wird Joseph zu einer Figur des Widerstandes gegen den Faschismus und seine Inhumanität.

- **1947 *Doktor Faustus. Das Leben des Tonsetzers Adrian Leverkühn, erzählt von seinem Freunde.*** Dr. Serenus Zeitblom, ein humanistisch gebildeter Gymnasialprofessor, erzählt in den Jahren 1943 bis 1944 die Geschichte von Adrian Leverkühn, der sein Theologiestudium abbricht und Musiker wird. Um zu einem genialen Musiker zu werden, geht er einen Pakt mit dem Teufel ein und verkauft ihm seine Seele für die Steigerung seiner künstlerischen Produktivität. 24 Jahre lang komponiert Leverkühn großartige Symphonien, Suiten, Kantaten, zahlt jedoch am Ende mit seinem Leben. Modell für das Leben von A. Leverkühn war Friedrich Nietzsche. Erzählt wird auf mehreren Zeitebenen mit verschiedenen Sprachstilen und literarischen Anspielungen, die in einer Montagetechnik verschränkt werden.

- **1951 *Der Erwählte*.** Der Mönch Clemens erzählt die Geschichte des Papstes Gregorius. Als Kind eines Zwillingspaares wird er ausgesetzt und von Mönchen gerettet. Sein Vater kommt durch ihn ums Leben und unwissentlich heiratet er seine Mutter und Tante Sibylle. Nach Entdeckung der Blutschande büßt er 17 Jahre angekettet auf einem Stein im Meer. Nach dieser Zeit kehrt er in die Welt der Christenheit zurück und steigt zum Papst in Rom auf. Der Roman vermischt die Legende von Gregorius mit dem antiken Ödipus-Stoff und der biblischen Geschichte von Maria und Joseph.

- **1954 *Bekenntnisse des Hochstaplers Felix Krull*.** Es handelt sich um ein Roman-Fragment, das mit der Bezeichnung ›Bekenntnisse‹ an die abendländische Tradition der autobiographischen Lebensbeichte anknüpft. Felix Krull wird zum Hochstapler, der die Wirklichkeit in ein Kunstspiel verwandelt. Er wird Hotelangestellter in Paris, tauscht seine Identität mit einem Marquis, wird vermögend und verführt in Lissabon Frau und Tochter von Professor Kuckuck. Der Held überschreitet als Verkleidungskünstler und Rollenspieler die Grenze zwischen ästhetischem Schein und Wirklichkeit. In ihm verbindet sich das Motiv des erotischen Abenteurers mit der Künstlerproblematik. Der Roman stellt eine Variante des humoristischen Schelmenromans und eine Parodie auf den Bildungsroman dar.

Erzählungen/Novellen

• **1898 *Der kleine Herr Friedemann.*** Die Sammlung von sechs Novellen war Thomas Manns erster öffentlicher Auftritt als Schriftsteller. Herr Friedemann ist ein körperlich verwachsener, sensibler Außenseiter, der sich vergeblich nach einem Liebesleben sehnt und am Ende an seiner unerwiderten Leidenschaft für eine junge, schöne Frau zerbricht. Mit seiner körperlichen Missbildung trägt er das Zeichen des Verfalls.

Die Novelle **Der Wille zum Glück** (zuerst 1896) schrieb Thomas Mann nach einer Italienreise mit seinem Bruder im Jahr 1895. Protagonist ist der Maler Paolo Hofmann, eine lebensunfähige, überfeinerte Künstlerfigur, die am Leben scheitert. In seinem Erscheinungsbild verkörpert er den Typus eines dekadenten Künstlers: kränklich, matt, tiefliegende Augen, gelbliche Gesichtsfarbe. Er stirbt, nachdem er das Glück in der Ehe gefunden hat.

Der Typus eines Dilettanten, der selbst nicht künstlerisch produktiv wird, steht im Mittelpunkt der Novelle **Der Bajazzo** (zuerst 1897). Der Protagonist ist beruflich ungebunden und sucht nach immer neuen Reizen und Eindrücken. Er führt ein müßiggängerisches, einsames Genussleben, das am Ende zu einem Ekel vor sich und dem eigenen Leben führt.

- **1903** *Tristan.* Eine Sammlung von sechs Novellen. *Tristan* (1903) thematisiert das Verhältnis von Kunst und Leben und die Außenseiterrolle des Künstlers. Das Scheitern des lebensfeindlichen Schriftstellers Detlev Spinell und die Figur der zerbrechlichen, lungenkranken und am Ende sterbenden Gabriele Klöterjahn sind bezeichnende Motive und Figuren der literarischen Dekadenz.

- **1903** *Die Hungernden* (erste Buchveröffentlichung 1909 in der Sammlung *Der kleine Herr Friedemann und andere Novellen*) behandelt ebenfalls den Gegensatz von Kunst und Leben.

- **1903** *Tonio Kröger.* Die stark biographisch geprägte Novelle ist prominent geworden. Der Titelheld ist ein sensibler Schriftsteller aus einer norddeutschen Patrizierfamilie, der sich innerhalb der bürgerlichen Welt als Außenseiter fühlt. Hin- und hergerissen zwischen Kunst und Leben, künstlerischer und bürgerlicher Welt, sucht er seine Identität und findet am Ende zu einer Balance in seinem Leben.

- **1912** *Der Tod in Venedig.* In dieser Novelle reflektiert Thomas Mann das Verhältnis von Kunst, Leben, Erkenntnis, Sinnlichkeit und Gefühl und verknüpft das Motiv des Liebestodes mit dem der Homoerotik. Der alternde Schriftsteller Gustav von Aschenbach verlässt sein geordnetes bürgerliches

Leben in München und geht nach Venedig. Trotz ausbrechender Cholera bleibt er dort, weil er sich in den polnischen Jungen Tadzio verliebt hat und ihm verfällt. In seiner homoerotischen Leidenschaft für Tadzio verliert er zusehends seine Würde und wird am Ende in seiner Existenz zerstört. Er stirbt an der Seuche. In seiner Nähe zu Tod und Verfall wird auch Aschenbach zu einer Figur der Dekadenz.

- **1953 *Die Betrogene*.** Die letzte Erzählung von Thomas Mann wurde von der Literaturkritik nicht geschätzt. Die Protagonistin Rosalie von Tümmler zeigt die Symptome einer Krebserkrankung, über die sie sich jedoch selbst täuscht. Die detaillierte Beschreibung von Körperlichkeit, Krankheit und Erotik enthält viele Tabubrüche und schwächt die Erzählung.

Literaturgeschichtliche Einordnung

Das Spannungsverhältnis von Bürger und Künstler, Kunst und Leben und eine Vielfalt an Künstlerfiguren kennzeichnen das Werk von Thomas Mann. *Mario und der Zauberer* schließt an Figuren, Motive und Themen im Frühwerk an, das mit seinen lebensuntüchtigen Außenseiterfiguren wie Paolo Hofmann, dem Bajazzo und Tonio Kröger und der Thematisierung von Krankheit, Sterben und Tod von Dekadenzerscheinungen geprägt ist. Cipolla ist eine Variante der Künstlerfigur bei Thomas Mann. Er steht am Rande der bürgerlichen Gesellschaft und weist Symptome des Verfalls auf: Buckel, gelbliche, zerstörte Zähne, Alkohol- und Zigarettenkonsum. Im Unterschied zu den anerkannten Schriftstellern Tonio Kröger und Gustav von Aschenbach ist er jedoch ein Künstler der Halbwelt, des Varieté-Theaters, der keine klassische Kunstform wie Malerei oder Schriftstellerei verkörpert. Er steht nicht nur für die Sphäre der Halbweltkünstler, sondern hat als Demagoge eine Nähe zum Typus des gefährlichen politischen Führers.

8. Rezeption

■ Frühe
Rezeption

Die Novelle wurde unmittelbar bei ihrem Erscheinen sehr positiv aufgenommen und hat eine hohe Aufmerksamkeit auf sich gezogen, weil Thomas Mann kurz zuvor den Nobelpreis erhalten hatte. Zwischen 1930 und 1933 erschien dann jedoch eine Vielzahl kritischer Besprechungen. Ein Teil der Literaturkritik erkannte in der Novelle die zeitgeschichtlichen Anspielungen auf den italienischen und deutschen Faschismus in Deutschland. Ein anderer Teil dagegen nahm eine unpolitische Perspektive ein und rezipierte die Novelle nur als ein privates Ferienerlebnis.[24] Zu einer Entpolitisierung der Novelle neigte auch eine Lesart, die den künstlerischen Wert hervorhob, ohne einen Bezug zum politischen Kontext herzustellen. In Italien wurde die Veröffentlichung der Novelle verboten. Die italienische Literaturkritik ignorierte die Hinweise auf den italienischen Faschismus und warf Thomas Mann eine italienfeindliche Haltung vor. Die Novelle durfte dort erst nach 1945 erscheinen.

■ Selbstdeutungen Thomas Manns

Thomas Mann hat sich selbst unterschiedlich zu seiner Novelle geäußert. Seine jeweiligen Deutungen sind als ein Reflex auf die zeitgeschichtliche Situation, in der er sich gerade befand, und seine Einschätzung der politischen Verhältnisse in Deutschland seit den 1920er Jahren zu verstehen. In einem Brief an den

24 Hans Rudolf Vaget, *Thomas-Mann-Kommentar zu sämtlichen Erzählungen*, München 1984, S. 229 f.

Schriftsteller Otto Hoerth vom 12. Juni 1930[25] spricht er vom Moralisch-Politischen, das aus einem privaten Erlebnis entstanden sei. Auch in den darauffolgenden Jahren schwächte er in Rücksicht auf seine Familie und den Verlag den politischen Gehalt der Novelle zugunsten des ethischen ab. Allerdings hatte er die politische Situation auch falsch eingeschätzt und hielt noch 1930 den Aufstieg des Faschismus und Hitlers nicht für möglich. Erst später, als er bereits im kalifornischen Exil lebte, betonte er in seiner Rede *On Myself* (1940) die politisch-moralischen Anspielungen der Novelle und wollte sie als »eine Warnung vor der Vergewaltigung durch das diktatorische Wesen verstanden wissen«.[26]

Die politische und künstlerische Thematik der Novelle und ihre Bezüge auf philosophische, ideologische und kulturelle Kontexte wurden in der Forschung nach 1945 unterschiedlich akzentuiert.

■ Forschung nach 1945

Eine politische Interpretation setzte nach 1945 vor allem mit dem Literaturwissenschaftler Georg Lukács ein, der im Zusammenbrechen des Widerstandes des römischen Herrn das Scheitern des Bürgertums vor dem Faschismus sah.[27] An diese These schloss die Rezeption in der früheren DDR an, die in Cipolla einen Faschisten sah, dessen Ende durch einen Vertreter des

■ Frühe politische Deutungen

25 Thomas Mann, *Briefe*, hrsg. von Erika Mann, Bd. 1, *1889–1936*, Frankfurt a. M. 1961, S. 299 f.
26 Mann (s. Anm. 13), Bd. 13, S. 166 f.
27 Lukács (s. Anm. 19), S. 35.

Volkes (des Proletariats) herbeigeführt wurde.[28] Ästhetisch-formale Aspekte der Novelle blieben in dieser Interpretationsrichtung unberücksichtigt.

Gert Sautermeister[29] wendet sich in seiner umfangreichen Studie ausdrücklich gegen derartige Ansätze, die in der Novelle den Faschismus gespiegelt sehen, ohne die Differenz zwischen Realität und Kunst zu beachten. Er arbeitet den Zusammenhang von novellistischer Darstellungsweise und zeitgeschichtlichen Inhalten der Novelle heraus und stellt zwischen Cipollas Herrschaftsausübung und der Ästhetisierung des Politischen im Faschismus eine Parallele her. Einen neuen Akzent setzte in den 1980er Jahren Hartmut Böhme, der seiner politischen Deutung der Novelle eine genaue Analyse des Erzählers und seines Verhältnisses zu Cipolla zugrunde legt.[30] Der Erzähler steht nach Böhme für das Versagen der bürgerlich-humanistischen Intelligenz im Faschismus.

■ Politisch-ästhetische Deutungen

Egon Schwarz analysiert die gesellschaftlichen Schichten in der Novelle und ihre Rolle im Faschismus. Für ihn stellt die Mittelklasse am Strand das »faschistische Fußvolk« und die Trägerschicht des Faschismus dar[31]. Jedoch ist diese These inzwischen wi-

■ Soziologische Deutungen

---

28 Diersen (s. Anm. 19), S. 170, 171.
29 Gert Sautermeister, *Thomas Mann: »Mario und der Zauberer«*, München 1981.
30 Böhme (s. Anm. 18).
31 Egon Schwarz, »Faschismus und Gesellschaft. Bemerkungen zu Thomas Manns Novelle *Mario und der Zauberer«*, in: E. S., *Dichtung, Kritik, Geschichte. Essays zur Literatur 1900–1930*, Göttingen 1983, S. 222.

derlegt. Die Parteimitglieder und Wähler kamen nicht primär aus dem Mittelstand, wie lange in der wissenschaftlichen Literatur behauptet wurde, sondern aus allen sozialen Schichten.[32]

Manfred Dierks interpretiert die Vorgänge in der Novelle vor einem philosophischen Hintergrund.[33] Er führt das dargestellte Führer-Volk-Verhältnis und Cipollas Thesen über den Entzug des Willens (S. 71) auf Arthur Schopenhauer zurück und die Aspekte des Rausches (Alkohol, ekstatischer Tanz) auf Friedrich Nietzsches Begriff des Dionysischen, das für rauschhafte Sinnlichkeit steht und auch in anderen Werken von Thomas Mann strukturbildend ist. Die Willensbrechung ist zwar ein zentrales Motiv der Novelle, doch geht die von Cipolla praktizierte Ästhetisierung der Gewalt weit über Schopenhauer und den frühen Nietzsche hinaus.

■ Philosophische Deutungen

Regine Zeller geht von einem massenpsychologischen Ansatz aus und versteht unter Faschismus primär ein massenpsychologisches Phänomen. Gestützt auf die Theorie des französischen Soziologen Gustave Le Bon und die Psychoanalyse von Sigmund Freud, untersucht sie die Massenbildung und den Verlust der Individualität in der Novelle.[34] Für Zeller entsprechen

■ Massenpsychologische Deutungen

32 Schieder (s. Anm. 8), S. 383.
33 Manfred Dierks, »Thomas Mann's Late Politics«, in: Herbert Lehnert / Eva Wessel (Hrsg.), *A Companion to the Works of Thomas Mann*, Rochester/Woodbridge 2004, S. 203–219.
34 Zeller (s. Anm. 18), S. 97; Regine Zeller, »›Die beherrschende Kraft eines stärkeren Wollens‹ – der Cavaliere Cipolla und die Verführung der Masse«, in: Holger Pils / Christina

die Strategien des Zauberers Cipolla denen der Entindividualisierung, Massenlenkung und hypnotischen Massenverführung von Hitler und Mussolini.

Ein anderer Interpretationsansatz sieht in der Figur des Zauberers nicht nur den Typus des politischen Führers, sondern auch eine Künstlerfigur, die um die Wende zum 20. Jahrhundert in vielfachen Erscheinungsformen zu einem kulturellen Phänomen wurde.[35] Cipolla repräsentiert in dieser Sicht den modernen Künstler, Gaukler, Verführer und Demagogen. Martin Brucke[36] stellt Cipolla in die literarische Tradition der Magnetiseure, die durch Hypnose und Suggestion andere ihrem Willen unterwerfen und ihre Macht missbrauchen. Für ihn ist Cipolla eine Künstlerfigur und in seiner Manipulation der Masse zugleich ein faschistischer Führer. Frithjof Haider bringt Cipolla mit dem Motiv des buckligen Männleins in der Literatur in Verbindung.[37]

Bernd Hamacher erweitert die Deutungsmöglichkeiten der Novelle um kulturelle Aspekte.[38] Für ihn

■ Ästhetisch-literarische Deutungen

■ Kulturwissenschaftlicher Ansatz

Ulrich (Hrsg.), *Thomas Manns »Mario und der Zauberer«*, Lübeck 2010, S. 52–71.

35 Helmut Koopmann, »Der Künstler als Scharlatan. Bruder Cipolla und seine Vorgänger«, in: Pils/Ulrich (s. Anm. 34), S. 151–185.

36 Brucke (s. Anm. 3), S. 147–175.

37 Frithjof Haider, *Verkörperungen des Selbst. Das bucklige Männlein als Übergangsphänomen bei Clemens Brentano, Thomas Mann, Walter Benjamin*, Frankfurt a. M. [u. a.] 2003.

38 Bernd Hamacher, »Die Utopie der Mitte. Zum politischen Kontext und zur kulturellen Topographie von *Mario und der Zauberer*«, in: Pils/Ulrich (s. Anm. 34), S. 17–35.

sind der Gegensatz von Nord-Süd, den der Erzähler behauptet, und die Anspielungen auf Afrika (S. 20, 43, 55, 95) kulturelle und nationalistische Stereotype und Klischees, mit denen sich die eigene Kultur gegenüber dem Fremden absichere. Thomas Mann ordne den Faschismus in diese Gegensätze ein, um ihn als Fremdes aus dem humanistischen Europa auszugrenzen.

Auf der Bühne, im Film, in Literatur und Lesungen wurde die Novelle vielfach medial umgesetzt. Luchino Visconti schrieb das Libretto zum Ballett *Mario e il mago*, das 1956 in der Mailänder Scala aufgeführt wurde. Eine weitere Ballettaufführung fand 1964 an der Staatsoper in Budapest nach dem Libretto von András Pernye statt. Eine erste Verfilmung stammt von Miloslav Luther für das tschechische Fernsehen (1977). Klaus Maria Brandauer führte Regie bei seiner filmischen Umsetzung (1994) und spielte selbst die Rolle des Cipolla. In seiner Filmversion tötet nicht Mario Cipolla, sondern Silvestra Mario. Cipolla besitzt keine dämonische Zauberkraft und ist lebensunfähig. Aufgrund der starken Eingriffe in die Novelle hat die Filmkritik ablehnend auf den Film reagiert. Hermann Broch hat sich durch die Novelle zu dem Roman *Die Verzauberung* (1936) anregen lassen. Eine ironische Parodie verfasste der Literaturwissenschaftler Edo Reents mit Anspielung auf Gerhard Schröders Besuch in Italien – *Erfreuliche Menschen. Schröders Italiener: Ein tragisches Reiseerlebnis* (2003).

■ Mediale Adaptionen

Die Novelle besitzt aufgrund ihres politischen und ideologischen Inhalts eine hohe Aktualität für gegen-

■ Aktualität

wärtige Leser. Seit den 1980er Jahren sind rechte Bewegungen in Europa entstanden, die in den 1990er Jahren von den Rändern in die Mitte der Gesellschaft gerückt sind. In den Programmen rechtsextremer Parteien finden sich Themen und Ideologien des klassischen Faschismus wieder: Angst vor Verfall, ein ethnisch-kulturell definierter Volksbegriff, Stärkung der nationalen und kulturellen Identität. Sie wenden sich gegen liberaldemokratische Eliten in Gesellschaft und Politik und übernationale Einrichtungen wie der Europäischen Union (EU). International lässt sich ein Aufkommen eines neuen Nationalismus beobachten, der dem eigenen Machterhalt und der Stärkung der eigenen nationalen und kulturellen Identität dient.

■ Populismus Bezeichnend für den gegenwärtigen rechten Populismus ist die Verwendung von Schlüsselbegriffen der NS-Ideologie wie ›Volk‹ und ›Führer‹. Ihre Vertreter betonen die nationale Identität, die sie von Einwanderern bedroht sehen, und wenden sich gegen das Establishment, das nicht mehr den Willen des Volkes vertrete. Die Novelle rückt in ihrer Darstellung einer bestimmten Form von Herrschaftspraxis und einer charismatischen Führerfigur an politische Gesellschaftserfahrungen heutiger Leser heran. Charismatische Führer, die die Demokratie gefährden, gibt es in der Gegenwart in unterschiedlichen politischen Systemen. Auch das in der Novelle angeschnittene Thema der Stigmatisierung von Menschen ist Teil der gegenwärtigen sozialen Praxis, in der Menschen aufgrund körperlicher, sozialer oder kulturell-ethnischer Merkmale abgewertet und ausgegrenzt werden.

9. Wort- und Sacherläuterungen

9,1 **Torre di Venere:** ital. ›Turm der Venus‹, ein fiktiver Ortsname; Venus ist die Göttin der Liebe. Mit den sexuellen Konnotationen des Ortsnamens spielt Cipolla, wenn er den Giovanotto den »Türmer der Venus« (S. 57) nennt.

9,5 **Cipolla:** ital. ›Zwiebel‹.

9,21 f. **Portoclemente:** ein fiktiver Ortsname.

10,1 **Tyrrhenischen Meer:** Tyrrhenisches Meer: nach den Etruskern (*Tyrrhenoi*) genannter westlicher Meeresteil Italiens.

10,4 **Capannen:** von ital. *capanne*: ›Badehütten‹.

10,22 **Marina Petriera:** wörtl. ›steinige Küste‹, fiktiver Badeort.

11,14 **Grand Hôtel:** Luxushotel.

11,17 **Pineta-Gärten:** Pinienhaine.

12,5 f. **Cornetti al burro:** ital. ›Butterhörnchen‹.

12,12 **Flor:** Blüte.

12,17 **Mario:** abgeleitet vom lateinischen Namen Marius.

14,11 f. **ai nostri clienti:** *clienti*: ital. ›Kunden‹.

14,15 **Pensionäre:** Hotelgäste.

14,18 **Klientele:** schweiz. Kundschaft.

14,20 **Pranzo:** Mittagessen.

15,13 **Principe:** Fürst.

16,7 **bedeuten:** belehren.

16,15 **Forum:** Gerichtshof.

17,2 f. **Dependance:** Nebengebäude des Hotels.

17,5 **Byzantinismus:** Schmeichelei, Kriecherei.

17,8 **servile:** lat. ›sklavische‹, unterwürfige.

17,9 **Votum:** Urteil.

17,18 f. **Angiolieri:** abgeleitet von ital. *angelo* (›Engel‹), *angiolo* ist die toskanische Form davon. Ihr Vorname Sofronia leitet sich von lat. *sanus* (›gesund‹) und *mens* (›Verstand‹) ab, (griech. *sophia*: ›Weisheit/Tugend‹).

17,25 **Fremdenheim:** Pension.

18,4 **Duse:** Eleonora Duse, ital. Schauspielerin.

18,12 **Etageren:** Regale.

18,19 **stackiertem:** von ital. *staccata*: deutlich ausgesprochenem.

20,8 **aufgehöht:** hier: leuchtend geschminkt.

20,25 **die Sonne Homers:** Anspielung auf Schillers Elegie *Der Spaziergang* (2. Fassung 1800), die eine Wanderung durch die Natur und Kulturgeschichte beschreibt und mit dem Vers endet »Und die Sonne Homers, siehe! sie lächelt auch uns.« Die Sonne überspannt die Zeit und verbindet Vergangenheit und Gegenwart, Antike und Moderne. Sie leuchtet Homer und dem Wanderer zu. In diesem zeitlichen Kontinuum sichert die Natur dem modernen Menschen, der sich durch den Prozess der Kultur von ihr entfremdet hat, Geborgenheit und Identität. In der Novelle jedoch wird die Sonne des Südens zum Zeichen der Entfremdung von der antiken Kultur.

21,4 **Naivität:** Leichtgläubigkeit.

21,19 **legitimieren:** lat. ›sich ausweisen‹, hier: rechtfertigen.

22,7 **Mediokrität:** Mittelmäßigkeit.

22,8 **Kroppzeug:** norddeutsch ›Gesindel‹.

22,14 **Fuggièro:** Der Name geht auf das italienische Verb *fuggire* zurück, wörtlich ›weglaufen/fliehen‹.

22,20 **Rispondi al mèno!:** ital. ›Antworte mir wenigstens!‹.

23,6 f. **das antikische Heldenjammergeschrei:** die Klagen der Helden in der Schlacht um Troja in Homers Epos *Ilias*.

23,14 **Oimè!:** italienische Form des Geschreis der Helden.

24,14 **prästabilierte:** haftete.

25,7 **Flaggenzwist:** Streit um Fahnen, mit denen Strandkörbe und Sandburgen geschmückt wurden, oft Ausdruck der Zugehörigkeit zu einer Gemeinschaft oder Nation.

27,2 **Schniepel:** ein veralteter Ausdruck für Frack.

27,3 **Melonenhut:** runder, steifer Herrenhut.

27,6 **Philippika:** Strafrede.

27,7 **Pathos:** Leidenschaftlichkeit.

27,16 f. **freventlich:** frevelhaft, schändlich.

27,21 **Suade:** Redeschwall.

28,3 f. **Euphemismus:** Beschönigung.

28,18 f. **Delinquentin:** Verbrecherin.

29,1 **Municipio:** ital. ›Rathaus‹.

29,12 **fatalen:** widerwärtigen.

29,14 **Ein Dichter hat gesagt:** Zitiert wird ein Gedanke des romantischen Dichters Novalis: »Es ist *Trägheit*, was uns an peinliche Zustände kettet.« (*Fragmente und Studien 1799–1800*).

29,16 **Aperçu:** geistreiche Bemerkung.

31,5 f. **Station:** Bahnhof.

31,24 **Sciroccoschwüle:** Scirocco: ein heißer, feuchter Wind im Mittelmeerraum aus Süden oder Südost.

32,9 **Cavaliere:** urspr. Ritter, im Königreich Italien ein niederer Adelstitel; einer der vielen Orden, die Mussolini verlieh. Anspielung auf den teuflischen Verführer Mephisto in Goethes Tragödie *Faust I* (1808), der sich als Cavaliere vorstellt: »Ich bin ein Kavalier, wie andre Kavaliere.« (V. 2511)

32,13 f. **Forzatore, Illusionista und Prestidigitatore:** ital. ›Kraftmensch, Zauberer und Taschenspieler‹.

32,17 **Phänomenen:** griech. ›Erscheinungen‹.

33,8 f. **in Kommission hatte:** im Auftrag verkaufte.

33,10 **gutsagen:** bürgen.

34,3 **im Populären:** im Volkstümlichen.

34,3 **Sala:** ital. ›Saal‹.

34,22 **Parterre:** Parkett.

35,6 **autochthone:** griech. ›eingeborene‹.

35,23 **Frutti di mare:** ital. ›Meeresfrüchte‹.

37,12 **Manier:** Betragen.

37,20 **Pronti!:** ital. ›Los!‹.

37,20 **Cominciamo!:** ital. ›Fangen wir an!‹.

38,11 **Flakon:** Karaffe, Fläschchen.

39,9 **Pelerine:** ärmelloser Umhang.

39,16 **Scharlatans:** Gauklers, Schwindlers.

39,20 f. **Gesamthabitus:** das gesamte äußere Auftreten.

40,5 **Clownerie:** Spaß, Unsinn.

40,19 **Rampe:** Bühnenrand.

40,23 **Lasurstein:** Lapislazuli, blauer Halbedelstein.

41,10 **Regie:** hier: staatliche Tabakwerke.

41,12 **Bündel:** ital. *fascio*, eine Anspielung auf das römische Rutenbündel mit einem eingebundenen Richterbeil (*fasces*), gab dem italienischen Faschismus seinen Namen.

42,7 **Frack:** ist vorne kurz und hat hinten lange Schöße. Gehrock: ist überall knielang.

42,10 **Schärpe:** Bauchbinde.

42,23 **Buona sera!:** ital. ›Guten Abend!‹.

43,1 **Paura:** ital. ›Angst‹.

43,12 **Bè:** ital. ›nun‹.

43,15 f. **Ha sciolto lo scilinguagnolo:** ital. ›Er hat ein gutes Mundwerk‹.

43,20 **Giovanotto:** ital. für ›junger Mann‹, spielt auf die Hymne der faschistischen Bewegung ab 1922 an, die *Giovinezza* (ital. für ›Jugend‹).

44,5 **sistema americano, sa':** ital. ›amerikanisches System, weißt du‹.

44,22 **Uno:** ital. ›eins‹.

46,16 **Linguist:** Sprachforscher, ital. *linguista*, von lat. *lingua:* ›Sprache, Zunge‹.

46,16 f. **questo linguista di belle speranze:** ein Wortspiel: ein Sprachforscher und ein Zungenforscher.

47,13–15 **Allein mit den Kräften meiner Seele und meines Geistes meistere ich das Leben ...:** beruht auf einem Vers aus Schillers *Wallensteins Tod* III, 13: »Es ist der Geist, der sich den Körper baut«.

47,20 **Corriere della Sera:** Tageszeitung in Mailand.

47,23 **Bruder des Duce:** *duce* von lat. *dux* ›Anführer‹. Arnaldo Mussolini war ab 1922 Redakteur in der von Benito Mussolini 1914 gegründeten Tageszeitung *Il Popolo d'Italia*. Der Titel *Duce* und der Name der Tageszeitung gehen auf den ital. Freiheitskämpfer Giuseppe Garibaldi zurück (19. Jahrhundert).

48,10 **donnaiuolo:** ital. ›Schürzenjäger‹.

48,12 **Animosität:** feindselige Einstellung.

49,6 **Parla benissimo:** ital. ›Er spricht sehr gut.‹

49,10 **Ingredienz:** lat. ›Bestandteil‹.

50,6 **Simpatico:** ital. ›sympathischer Mensch‹.

51,2 **Verdruß:** hier: Höcker auf dem Rücken.

51,14 **arithmetischen:** zum Rechnen gehörigen.

51,16 **Arithmetik:** Zahlenlehre, Rechenkunst.

52,8 **Conférencier:** Ansager.

53,19 **Bravi-Rufen:** *bravi*: Plural von ital. *bravo* ›ausgezeichnet‹.

54,3 **Non so scrivere:** ital. ›Kann nicht schreiben‹.

55,17 f. **nubischen Haartracht:** Frisur aus hochstehenden Haaren, wie sie die Nubier, die Bewohner von Nubien in Nordafrika, getragen haben.

56,22 **Akzente:** Laute.

57,10 f. **con questo torregiano di Venere:** ital. ›Einwohner von Torre di Venere‹ und Türmer der Venus.

57,14 **non scherzamo!:** ital. ›scherzen wir nicht!‹.

58,19 **des gastrischen Systems:** des Magens, der Verdauungsorgane.

58,26 **Kolik:** krampfartige Leibschmerzen.

60,9 **Il boît beaucoup:** frz. ›Er trinkt viel‹.

62,19 **Null, null:** Toilette.

63,5 **Crayon:** Bleistift.

64,11 f. **Summanden:** Zahlen, die zusammengezählt werden.

65,11 **Spezies:** Grundrechenarten (Zusammenzählen, Abziehen, Vervielfachen, Teilen).

65,22 **Ingenium:** lat. ›Talent‹.

67,26 **E servito:** ital. ›Zu Diensten‹.

68,14 **Lavora bene!:** ital. ›Er arbeitet gut!‹.

69,13 **intimere:** genauere.

69,24 f. **des Okkulten:** lat. ›des Geheimen‹.

70,1 **vexatorisch:** lat. ›quälerisch‹.

70,4 **Amalgams:** Amalgam: Mischung verschiedener Stoffe.

73,4 **Pensez très fort!:** frz. ›Denken Sie scharf nach!‹.

73,10 **venerazione:** ital. ›Verehrung‹; *vénération*: frz. ›Verehrung‹.

79,17 **una cioccolata e biscotti!:** ital. ›eine Schokolade und Kekse!‹.

79,18 **Subito!:** ital. ›Sofort!‹.

80,6 **Hypnotiseur:** versetzt eine andere Person künstlich in einen Schlaf.

81,4 **grotesken:** lächerlich-komischen.

81,17 **Dämonie:** bedrohliche Wirkung.

81,22 **Fuchtel:** süddt. ›Rute‹, Peitsche.

82,9 **kataleptisch:** griech. ›von Muskelstarre befallen‹.

82,19 **Poveretto!:** ital. ›Der Arme!‹.

83,20 **Trance:** schlafähnlicher hypnotischer Zustand.

84,4 f. **Colonnello:** Oberst.

84,16 **ätherische:** zarte, vergeistigte.

86,17 **Accidente!:** ital. ›Verdammt!‹.

87,13 f. **Gravitätisch:** würdevoll.

87,22 f. **spätnächtliches Drunter und Drüber:** spielt auf Friedrich Nietzsches Gegenüberstellung von Apollinischem (Maß, Ordnung) und Dionysischem (Chaos, rauschhafte Zustände, Auflösung der Person) in *Geburt der Tragödie* (1872) an.

88,13 **Meister:** Name für Richard Wagner, dem Effekthascherei vorgeworfen wurde und der nicht als echter Künstler galt.

88,16 f. **Somnambulismus:** lat. *somnus:* ›Schlaf, Schlafwandeln‹.

89,2 **Step:** gehört zu den afro-amerikanischen Tänzen, die ab 1900 nach Europa kamen. Er galt als antibürgerlich und modern. Er wurde zum Tanzstil in Shows und Varieté-Theatern und konnte von einfachen Leuten durch Nachahmung leicht erlernt werden. Die »Schwarze Kultur« war in den 1920er Jahren besonders populär und wurde von den Nationalisten der Weimarer Republik als unmoralisch abgelehnt.

89,4 **Ekstase:** rauschhafter, verzückter Zustand.

89,17 f. **Anche se non vuole!:** ital. ›Auch wenn Sie nicht wollen!‹.

89,25 **Balla!:** ital. ›Tanze!‹.

91,4 **affekthaften:** gefühlsbetonten.

91,22 **Una ballatina!:** ital. ›Ein Tänzchen!‹.

92,15 f. **Stab der Kirke:** In Homers *Odyssee* (etwa 8. Jh. v. Chr.) verwandelt die Königin Kirke die Männer von Odysseus mit einem Zauberstab, einer Rute/Gerte, in Tiere.

92,26 **Tarantella:** süditalienischer Volkstanz.

95,26 **Physiognomie:** Gesichtsausdruck.

97,4 **Complet:** Jacke und Hose aus gleichem Stoff.

97,18 **ragazzo mio?:** ital. ›mein Junge?‹.

98,7 **Salve!:** ital. ›Heil!‹, ›Sei gegrüßt!‹.

98,8 f. **römischen Gruß:** römischer Gruß: erhobener rechter Arm mit flacher Hand, Gruß der Faschisten.

99,23 **Cameriere:** Kellner.

99,24 **Ganymed:** Mundschenk der Götter, Liebhaber des Zeus, der ihn vergewaltigt.

99,26 **salvietta:** Serviette.

100,22 f. **un tratto di malinconia:** ital. ›ein Zug von Schwermut‹.

100,25 **Nossignore!:** ital. ›Nein, mein Herr!‹.

103,26 **geteerten Lümmel:** Geteert spielt auf die Matrosenjacke an.

104,1 **Meeresobst:** Übersetzung von *frutti di mare* ›Meeresfrüchte‹.

106,17 **Detonationen:** Explosionen.

107,16 f. **Karabinierepaar:** Polizistenpaar.

10. Prüfungsaufgaben mit Lösungshinweisen

Aufgabe 1: Charakterisierung der Figur Cipolla

Arbeitsauftrag: Beschreiben Sie die inneren und äußeren Merkmale von Cipolla und ordnen Sie die Figur in einen gesellschaftspolitischen Zusammenhang ein.

Lösungshinweise

Allgemeine Anforderungen

Für die Bearbeitung dieser Aufgabe müssen die äußeren und inneren Merkmale von Cipolla im Text identifiziert, aus dem Verhalten der Figur abgeleitet und in ein kohärentes Figurenbild integriert werden. Um die Figur an einen historisch-politischen Kontext anschließen zu können, muss politisches Hintergrundwissen in die Textanalyse eingebracht werden.

Inhaltliche Aspekte

- Zu den **äußeren Merkmalen** Cipollas gehören sein Buckel (S. 40) und seine hässlichen Gesichtszüge mit schlechten Zähnen (S. 41, 104) und Beutelaugen (S. 104) und seine leichte körperliche Erschöpfung (S. 68, 81).
- Mit seinem Anzug, seinem Umhang und der Reitpeitsche wirkt er altmodisch und ähnelt Scharlatanen und Possenreißern des 18. Jahrhunderts (S. 39).

- Beruflich gehört er zu den Halbweltkünstlern, die in zweitrangigen Theatern oder Varietés auftreten und als Wanderkünstler umherziehen. Sein Auftritt auf der Bühne ist genau berechnet: Warten-Lassen, Schweigen und Das-Publikum-Fixieren setzt er effektvoll ein, um sich zu inszenieren, Spannung zu erzeugen und das Publikum für sich zu gewinnen.
- Körperlich wie beruflich ist er stigmatisiert und ein Außenseiter. Er ist bindungslos und seine körperliche Verwachsenheit deutet auf ein fehlendes Liebesleben hin.

- Zu den **inneren Merkmalen** Cipollas gehört seine Eitelkeit. Sie ist erkennbar, wenn er sich der Wertschätzung der Presse und der Anwesenheit des Bruders des Duces auf einer seiner Veranstaltungen rühmt (S. 47). Aufgrund seines Buckels hat er Minderwertigkeitsgefühle. Darauf verweisen seine Sticheleien gegenüber dem Giovanotto (S. 47), der als schöner, junger Mann das Gegenteil von ihm verkörpert. Seinen Minderwertigkeitskomplex und seine soziale Ausgrenzung versucht er zu kompensieren, indem er Macht über andere erlangen will.
- Cipolla verfügt über die Fähigkeit, andere in einen hypnotischen Zustand zu versetzen, in dem sie nicht mehr sie selbst sind, sondern seinem Willen unterstehen und tun, was er ihnen befiehlt, wie der junge Mann (S. 44, 59), der römische Herr (S. 89) und Mario (S. 102–105).
- Er besitzt die besondere Gabe des Charismas, das ihn

anziehend und rätselhaft macht und dem sich die Zuschauer nicht entziehen können. Sein Charisma und seine hypnotischen Fähigkeiten ermöglichen es ihm, Herrschaft über andere auszuüben.

- Seine Verhöhnung von Opfern (S. 48, 57) und sein Triumph angesichts der Erniedrigung Einzelner (S. 93) zeigen seine zynische und inhumane Einstellung.
- In seiner Weltanschauung ist Cipolla patriotisch und nationalistisch (S. 47, 55, 98). Er geht von einer Einheit von Volk und Führer aus und bringt damit Kernbegriffe des Faschismus ins Spiel.
- Bestimmte Symbole und Gesten wie der römische Gruß (S. 98, 100), die Reitpeitsche (S. 44, 84 f., 90, 92) und Anspielungen auf den Duce verweisen auf den italienischen Faschismus. In seinen Praktiken der Selbstinszenierung, der Unterwerfung anderer und der Herrschaftsausübung ähnelt Cipolla politischen Führern wie Hitler und Mussolini. Diese machten aus ihren öffentlichen Auftritten und der Choreographie von Massenveranstaltungen eine Theatershow, die die zugrundeliegende (psychische) Gewalt und Macht über andere ästhetisierte und verschleierte. Aufgrund der Herrschaftsform und der charismatischen Führerrolle besteht eine Entsprechung zwischen Novellenfigur und realen faschistischen Führern.

Aufgabe 2: Analyse einer Textstelle (S. 89–93)

Arbeitsauftrag: Analysieren Sie die Szene zwischen Cipolla und dem Herrn aus Rom (von »Hier nun war es, daß der Herr aus Rom [...]« bis zu »Es war nun schon alles einerlei.«) unter folgenden Fragestellungen: Was geschieht in dieser Szene? Was sind Cipollas Absichten und mit welchen Mitteln setzt er sie durch? Wie verhält sich der römische Herr und wie reagiert das Publikum? Wie ordnet sich die Szene in den Gesamtzusammenhang der Novelle ein?

Lösungshinweise

Allgemeine Anforderungen

Zur Aufgabe gehört eine Beschreibung der Interaktion zwischen Cipolla und dem römischen Herrn, ihre gegensätzlichen Ziele, Cipollas Vorgehen, das Verhalten des römischen Herrn und das Ergebnis. Die Analyse der Reaktion des Publikums öffnet den Blick auf einen weiteren thematischen Schwerpunkt der Novelle: der Bildung einer Masse und des Verhältnisses von Führer und Masse. Die Einordnung der Szene in den Gesamtzusammenhang der Novelle erfordert einen Blickpunktwechsel zwischen kleinem Textausschnitt und gesamtem Novellengeschehen.

Inhaltliche Aspekte

Zwischen Cipolla und dem Herrn aus Rom beginnt ein Kampf um Willensbehauptung und Willensbrechung, um Selbstbestimmung und Unterwerfung. Der Kampf vollzieht sich in folgenden Schritten:

- Der römische Herr fordert Cipolla heraus.
- Cipolla stärkt sich und schwingt dann die Reitpeitsche.
- Er befiehlt: »Balla«.
- Der römische Herr widersteht.
- Cipolla wiederholt den Befehl und schwingt erneut die Reitpeitsche.
- Der römische Herr beginnt zu zucken, leistet aber weiterhin Widerstand.
- Cipolla bohrt seinen Blick in sein Gegenüber, wiederholt die Peitschenhiebe und Befehle.
- Der Widerstand des römischen Herrn wird schwächer (S. 91).
- Cipolla flüstert ihm etwas von Freiheit und Vergnügen ein.
- Die Glieder des römischen Herrn lösen sich und er scheint sich wohlzufühlen.
- Schließlich tanzt er Step. Aus dem römischen Herrn ist eine willenlose, lächerliche Marionette, ein Hampelmann, geworden (S. 92).

Cipolla ist es gelungen, den römischen Herrn zu unterwerfen und ihn zu zwingen, das zu tun, was dieser nicht
tun will. Er hat gesiegt und den Willen des anderen ge-
brochen. Seine Mittel sind die Reitpeitsche, Einflüste-
rungen, Befehle und der bohrende Blick. Der Vorgang ist
eine Demonstration der Macht und des Triumphes Cipollas.

Cipollas Sieg über den römischen Herrn hat den Effekt,
dass nach und nach das Publikum mitgerissen wird und
zu tanzen beginnt. Die einzelnen Zuschauer verschmel-
zen zu einer Masse und nehmen die Eigenschaften an, die
typisch sind für die Masse, wie sie Le Bon beschrieben
hat: Verlust der eigenen Individualität, Steuerung durch
Gefühle, Aufgehen in einer Gemeinschaft. Die Unterwerfung der Masse unter eine charismatische Führerfigur
in der Novelle ähnelt dem Führer-Masse-Verhältnis im
Faschismus.

Innerhalb der Novelle hat die Szene die Funktion, die
Dramatik und den Triumph Cipollas zu steigern vor dem
eigentlichen Höhepunkt (Marios Verführung), die zur
Wende und zum Absturz Cipollas führt.

Aufgabe 3: Erörterung der Rolle des Erzählers

Arbeitsauftrag: Analysieren Sie die Form des Erzählens, die Sicht des Erzählers auf Cipolla und die Veränderung seines Verhaltens im Laufe der Abendveranstaltung. Diskutieren Sie verschiedene Bewertungen des Erzählers und legen Sie Ihre eigene Meinung dar.

Lösungshinweise

Allgemeine Anforderungen

Die Aufgabe umfasst einen erzählerischen und einen inhaltlichen Aspekt. Die Analyse des Erzählers (Erzählform, Erzählverhalten) setzt die Anwendung von erzähltheoretischem Wissen voraus. Aus den Kommentaren des Erzählers lassen sich seine Perspektive auf den Zauberer und seine Haltung ihm gegenüber ableiten. Dafür sind Kompetenzen des Schlussfolgerns erforderlich. Eine kritische Auseinandersetzung mit dem Erzähler und seiner Rolle beschließen diesen Aufgabenkomplex.

Inhaltliche Aspekte

Es handelt sich um einen Ich-Erzähler, der auf ein Ferienerlebnis mit seiner Familie an einem italienischen Badeort zurückblickt und sich Rechenschaft über die Geschehnisse und sein eigenes Verhalten gibt. Aufgrund der zeitlichen Distanz zwischen Erlebnis und Niederschrift des Erlebten ist ein erzähltes, erlebendes Ich der Vergangenheit von einem erzählenden Ich der Gegenwart zu unterscheiden. Fortlaufend kommentiert der Erzähler die Geschehnisse am Badeort und auf dem Theaterabend und entwickelt im Gespräch mit dem Leser seine Auseinandersetzung mit dem Zauberer und sich selbst.

Der Erzähler ist zugleich eine Figur in der erzählten Welt und tritt dort als Feriengast und Familienvater auf. Es handelt sich um einen gebildeten Intellektuellen aus dem Norden, der ansonsten anonym bleibt. Zu Anfang hat er Abstand zum Zauberer und ironisiert ihn als einen Halbweltkünstler und Scharlatan (S. 39). Er beobachtet und reflektiert die Zauberkünste Cipollas und spürt die Gefahr, die von ihm ausgeht. Er erkennt sehr bald dessen Absichten, Macht über andere gewinnen zu wollen (S. 64, 70, 80).

Das Verhalten des Erzählers ändert sich im Laufe des Abends. Er weiß, dass es nicht gut ist, den Abend hier mit den Kindern zu verbringen, kann sich aber nicht zum Gehen entschließen. Er erkennt das Inhumane in Cipollas Kunststücken und befindet sich in dem Zwiespalt zwischen Bleiben und Gehen (S. 76, 78). Dem Leser gegenüber rechtfertigt er sich dafür, dass er nicht geht, und führt mehrere Gründe an: das Bitten der Kinder, Bequemlichkeit, eine allgemeine Ansteckung (S. 76 f., 93). Trotz seiner Erkenntnis der inhumanen Praxis des Zauberers und dessen Gefährlichkeit ist er zunehmend von ihm gefesselt.

Bewertung des Erzählers

Gegen den Erzähler spricht seine Handlungsunfähigkeit. Er schreitet nicht gegen die ungerechte Behandlung im Hotel und am Strand ein und die Abendveranstaltung kann er trotz seiner Skrupel nicht verlassen, um damit seinen Protest gegen Cipolla auszudrücken.

Auf der einen Seite ist der Erzähler der kritische Intellektuelle, der die hypnotische Gewalt des Zauberers durchschaut, auf der anderen Seite ist er von ihm angetan und gerät in seinen Bann. Er ist trotz seiner Bildung und Reflexionsfähigkeit von Cipolla angezogen, so dass seine intellektuelle Distanz überlagert wird von einer inneren, emotionalen Fesselung (S. 93). Seine Faszination spiegelt seine Schwäche und sein Unvermögen, sich in seiner Vernunft und seinem Wertesystem gegenüber der erniedrigenden Herrschaft und Macht Cipollas zu behaupten.

Für den Erzähler spricht wiederum, dass er sich im Nachhinein Rechenschaft abgibt über sein früheres Ich und die Geschichte erzählt. Das Erzählen wird zu einem Vorgang der Selbstaufklärung. Der Erzähler wird selbst zum Medium, um eine zutiefst inhumane Form von Herrschaft, die Bezüge zum Faschismus hat, zu vermitteln und transparent zu machen.

11. Literaturhinweise/Medienempfehlungen

Textausgabe

Thomas Mann: Mario und der Zauberer. Ein tragisches Reiseerlebnis. Frankfurt a. M.: Fischer Taschenbuch Verlag, [33]2013.

Gesamtausgabe

Thomas Mann. Gesammelte Werke in 13 Bänden. Hrsg. von Hans Bürgin und Peter de Mendelssohn. 2., durchges. Aufl. Frankfurt a. M.: S. Fischer, 1974. [Seit 1990 im Taschenbuch.]

Biographie

Kurzke, Hermann: Thomas Mann. Das Leben als Kunstwerk. Eine Biographie. München: C. H. Beck, 1999. [Gut lesbare, informationsreiche Biographie.]

Linkhinweise

www.thomasmann.de/thomasmann/leben/lebenslauf/
www.thomas-mann-gesellschaft.de

Erläuterungen

Böhme, Hartmut: Thomas Mann: *Mario und der Zauberer*. Position des Erzählers und Psychologie der Herrschaft. In: Hermann Kurzke (Hrsg.): Stationen der Thomas-Mann-Forschung. Aufsätze seit 1970. Würzburg: Königshausen & Neumann, 1985. S. 166–189. [Eine Feinanalyse des Ich-Erzählers, die eine Grundlage für eine politische Deutung der Novelle bietet.]

Jürgens, Dirk: Thomas Mann. *Tonio Kröger / Mario und der Zauberer*. München: Oldenbourg, 2013. [Eine gründliche Interpretation der Novelle mit Ausrichtung auf den Deutschunterricht. Sie betont geistesgeschichtliche Zusammenhänge und Dekadenzprobleme.]

Kroemer, Roland / Melli, Christa: Thomas Mann. *Mario und der Zauberer*. Hrsg. von Johannes Diekhans. Braunschweig/Paderborn/Darmstadt: Bildungshaus Schulbuchverlage, 2010. [Ein solides Unterrichtsmodell, das die zentralen Themen und die politischen, biographischen und massenpsychologischen Kontexte schülernah erschließt.]

Sautermeister, Gert: Thomas Mann. *Mario und der Zauberer*. München: Fink, 1981. [Eine differenzierte Interpretation, die den Zusammenhang von Novellenstruktur, ästhetischen Darstellungsverfahren und politischem Hintergrund herausarbeitet.]

Zeller, Regine: Cipolla und die Masse. Zu Thomas Manns Novelle *Mario und der Zauberer*. St. Ingbert: Röhrig, 2006. [Schwerpunkt liegt auf einem massenpsychologischen Ansatz, der überzeugend und gut lesbar am Text erarbeitet wird.]

Mediale Adaptionen

Lesungen

Thomas Mann. Die großen Erzählungen, gelesen von Gert Westphal. Audible Hörbuch. Eine Produktion des NDR. Der Hörverlag 2013.

Thomas Mann. *Mario und der Zauberer*. Ein tragisches Reiseerlebnis. Ungekürzte Ausgabe, gelesen von Will Quadflieg. 2 CDs. Deutsche Grammophon Literatur 1996.

Thomas Mann. *Mario und der Zauberer*. Erzählung, gelesen von Gert Westphal. 2 CDs. Aufnahme vom 21. Mai 1979. Eine Produktion des NDR. Litraton 1996.

Verfilmungen

Mario und der Zauberer. Verfilmung für das tschechische Fernsehen 1976. Regie: Miloslav Luther. [Der Regisseur hält sich an die Vorlage und betont den politischen Inhalt, indem er Cipolla als Anhänger des Duce darstellt.]

Mario und der Zauberer. Erstausstrahlung 1994. Deutschland, Österreich, Frankreich. Regie und Mitarbeit am Drehbuch: Klaus Maria Brandauer, der auch die Rolle des Cipolla spielt. [Die Verfilmung ist nicht werkgetreu und wurde von der Filmkritik sehr negativ beurteilt.]

Ballett

Mario e il mago. Das Libretto stammt von Luchino Visconti, die Choreographie von Léonide Massine. 1956 an der Mailänder Scala uraufgeführt, die Musik ist von Franco Mannino.

Ein Ballett nach *Mario und der Zauberer*, ungarische Staatsoper Budapest 1964; Libretto von Andras Pernye, Musik von István Lang.

Oper

Mario und der Zauberer des britischen Komponisten Stephen Oliver, einstündig. Uraufführung 1988, deutsche Erstaufführung in Stuttgart am 25. Juni 2004. Die Oper folgt der Vorlage.

12. Zentrale Begriffe und Definitionen

Charisma: griech. *chárisma*: Gnade, im älteren Christentum eine von Gott geschenkte Gabe; außerordentliche Eigenschaften und Fähigkeiten, die einer Person zugeschrieben werden. Charisma begründet eine bestimmte Form von Herrschaft
➤ S. 48 f., 63 f., 67, 72, 74–77, 83, 85 f., 108, 119 f.

Dekadenz: bezeichnet eine literarische Strömung innerhalb der frühen Moderne (1880er bis 1920er Jahre). Typisch sind die Ablehnung bürgerlicher Alltagswelten, die Darstellung von Verfallserscheinungen, eine nervöse Überfeinerung und eine Vorliebe für künstliche Welten. Heinrich und Thomas Mann ordnen sich mit ihren frühen Werken in die Dekadenzliteratur ein. Zu ihren Themen und Motiven gehören das Scheitern an der Lebenswirklichkeit, der Niedergang einer Familie, die Künstlerproblematik, die Opposition von Kunst und Leben, hohe Sensibilität und Lebensschwäche von Figuren.
➤ S. 41, 63 f., 94, 99 f.

Duse: Eleonora Duse, eine berühmte italienische Schauspielerin. Sie war befreundet mit Gabriele D'Annunzio, einem Schriftsteller und Politiker, der 1919 die Hafenstadt Fiume (kroat. Rijeka), die von den Vertragsparteien von Versailles Jugoslawien zugeschlagen worden war, militärisch besetzte. Er unterlief damit die Friedensverhandlungen und wurde international zu einem Problem. Im Auftrag der italienischen Regierung wurde er von der italienischen Kriegsmarine vertrieben. D'Annunzio galt als Gegenspieler Mussolinis, der von ihm das theatralische

Auftreten, den römischen Gruß, die einheitliche Uniformierung und Paraden übernahm. Als Mussolini an der Macht war, entledigte er sich D'Annunzios mit dem Titel Principe di Montenevoso (›Fürst von Montenevoso‹).

➤ S. 14, 52, 81

Elegie: ein Gedicht aus Zweizeilern, das eine Klage über einen Schmerz/Verlust ausdrückt. Stammt ursprünglich aus der griechischen Antike.

➤ S. 78, 110

Erzählform: Ist der Erzähler eine Figur in der erzählten Welt und erzählt von Selbsterlebtem, liegt eine Ich-Form vor. Ist er keine Handlungsfigur und erzählt von Erlebnissen anderer, handelt es sich um eine Er-Form.

➤ S. 34, 124

Erzählhaltung: die Position des Erzählers, seine Einstellung.

➤ S. 36

Erzählte Zeit: Die Zeit, die innerhalb der erzählten Welt vergeht. Das können Jahre, Monate, Stunden oder Minuten sein.

➤ S. 28–31

Erzählverhalten: umfasst den Blickpunkt, die Fähigkeiten und das Wissen des Erzählers; auktoriales Erzählverhalten: weite Sicht, umfangreiches Wissen; personales Erzählverhalten: begrenzte Sicht, eingeschränktes Wissen.

➤ S. 35 f., 124

Erzählzeit: Die Zeit, die für das Erzählen einer Geschichte gebraucht wird. Sie wird gemessen am Textumfang (Seitenlänge) oder der Zeit, die das Lesen eines Erzähltextes in Anspruch nimmt. Sie kann die erzählte Zeit in der fiktiven Welt überschreiten (Zeitdehnung), überspringen (Zeitsprung) oder unterschreiten, indem längere Zeitabschnitte in der erzählten Welt zusammengefasst oder kurz benannt werden (Zeitraffung).

➤ S. 28–31, 35

Faschismus: Politische Bewegungen zwischen den beiden Weltkriegen in ganz Europa, die nur in Italien und Deutschland zu einem Regime geführt haben. Der soziale, wirtschaftliche und kulturelle Zusammenbruch nach dem Ersten Weltkrieg hat mit zu seiner Entwicklung beigetragen, aber auch gesellschaftliche Umwandlungsprozesse, die die Staaten seit dem 18. Jahrhundert vor große Anforderungen stellten und aufgrund ihrer Gleichzeitigkeit in Italien und Deutschland zu einer Strukturkrise führten: der Industrialisierungsprozess, die Bildung einer Nation und eines liberaldemokratischen Verfassungsstaates.

➤ S. 43–47, 50, 52 f., 60, 67, 73 f., 84, 86, 102–108, 120

Fiktion: eine Wirklichkeit, die durch das Erzählen und Darstellen in verschiedenen Medien erzeugt wird und nicht unabhängig vom Erzählen existiert. Die fingierte Wirklichkeit ist fiktiv (erdacht, erfunden) und nicht real.

➤ S. 71, 75

Hypnose: ein künstlich herbeigeführter Schlaf, jedoch kein Tiefschlaf, sondern ein Wachzustand.

➤ S. 14 f., 27 f., 40, 51, 55–59, 67, 72, 106

Ich-Erzähler: ist zugleich eine Figur in der erzählten Welt und berichtet über vergangene Erlebnisse. Zwischen dem erzählendem Ich, das rückblickend von sich erzählt, und dem erzählten, erlebenden Ich besteht eine zeitliche Differenz. Der Blickpunkt/Fokus, von dem aus erzählt wird, kann beim erzählten Ich liegen (figurales Erzählen) oder beim erzählenden Ich (auktoriales Erzählen).

➤ S. 7, 26, 32–35, 124

Intertextueller Bezug: Verbindung eines Textes zu anderen literarischen Texten, aus denen zitiert wird, oder Verweis auf Figuren, Orten und Szenen dieser Texte.

➤ S. 39

Masse: Verbindung einer Vielzahl von Menschen, durch die eine neue Sozialität bzw. soziale Formation entsteht; eine Einheit, in der der Einzelne aufgeht.

➤ S. 45–48, 50–54, 65–67, 74, 83, 85 f., 105 f., 121, 123

Peripetie: in der Tragödie der Umschlag einer Handlung, die in die Katastrophe, das Scheitern des Protagonisten, führt.

➤ S. 31, 34

Stereotype: starre Formeln, die Personen auf bestimmte festgelegte Eigenschaften reduzieren.

➤ S. 20, 79, 107

Stigma: wortgeschichtlich mit ›stechen‹ und ›Stiche zufügen‹ verbunden; ursprünglich eine Tätowierung der Haut, um Sklaven oder Verbrecher zu kennzeichnen. Körperliche oder soziale Merkmale eines Menschen, aufgrund derer er gesellschaftlich herabgesetzt und ausgegrenzt wird (körperliche Gebrechen, Obdachlosigkeit, Kriminalität).

➤ S. 61–64, 77, 80, 108, 119

Suggestion: ein sprachlicher Vorgang, bei dem einer Person Vorstellungen ein- oder ausgeredet werden.

➤ S. 42, 51, 55, 59, 67, 85, 106

Als er endlich in seiner Wohnung angekommen war, hatte auch noch Mümmel gefiept. Das arme Tier hatte Hunger und Durst gehabt, denn Johnny hatte es schon seit zwei Tagen nicht mehr gefüttert. Doch anstatt das Meerschweinchen zu versorgen, hatte er ein Messer genommen und es getötet. Mit einem einzigen Schnitt hatte er ihm sauber die Kehle durchtrennt. Danach hatte er sich in sein Bett gelegt und so lange weiter getrunken und geraucht, bis er in einen komaähnlichen Schlaf gefallen war.

„Es wird Zeit, dass du dir Hilfe suchst", sagte Saskia und verließ die Wohnung.

Johnny nickte. Die Tränen liefen dabei in Strömen über sein Gesicht.